秦始皇傳奇

歐陽彥之 著

從人質到千古一帝

目錄
CONTENTS

目錄
CONTENTS

第九章 恩威並施，賞罰分明得人心

〈前言〉

千古一帝秦始皇的帝王謀略

1

中國歷史上，最爲傑出的帝王首推秦始皇。

他功勳卓著，「奮六世之餘烈」，剪滅群雄，一統天下；爾後，又北逐匈奴，南取百越，拓展大一統帝國的疆土。

他銳意改革，統一文字，規範貨幣和度量衡，修築四通八達的馳道，廢除分封制，把秦國原有的郡縣制推向全天下，奠定了統一的多民族國家行政建制。

他推崇法家，依法治國，建立起一套完善的封建政治、軍事、經濟制度。這套制度影響了中國兩千多年的封建歷史，有的制度經過改革後，沿用至今。

他在沒有前人經驗的條件下，兼併六國，完成體制和文化的變革，建設眾多的大型工程，而完成這一切工作僅用了十一年時間。可以看出，秦始皇不但是一個有雄才偉略的君王，還是一個辦事高效的領導人。秦始皇以如此難以想像的速度，爲中國幾千年的封建社會奠定了基礎。

他的雄才大略令人驚歎。因此，他無愧「千古一帝」的稱號。

2

多國爭雄的春秋戰國時代，爲什麼是秦國統一了天下？爲什麼這個人是秦始皇？

在「分久必合」的歷史大趨勢下，他是如何運籌帷幄的？

……

與此同時，關於他的爭議，也一直沒有停止過。

他究竟是統一中國的偉人，還是罪惡滔天的罪人？

他是法律制定者，還是千古暴君？

焚書坑儒到底是秦始皇一意孤行，還是另有人建議？

他強調法制，卻又鎮壓反對者。

……

種種矛盾性，都集中在秦始皇的身上。

對於秦始皇的評價，雖然歷代多有異議，但是，作爲一位在歷史上開創了一個新時代的有作爲的政治人物，大概誰都不能否認其歷史地位的重要。

3

本書立足真相，不避諱崇高，不躲閃卑劣；把權謀人物放到複雜的社會生活、精神生活中立體展現，著重在細膩的權力鬥爭情節中，表現其性格、命運、心態及處世法則，塑造鮮明、真實的人物形象。

本書擇取了秦始皇一生中不同階段的典型歷史事件，探其根源，究其始終，融歷史和管理於一體，集古今管理智慧之大成，給現代的企業管理以殷鑒和啓迪。旨在讓廣大讀者瞭解這位中國封建王朝「首任皇帝」不平凡的人生經歷，學習他身上那種堅韌、頑強、勇敢的精神，同時也對他的是非功過進行客觀評價。

第一章

出人頭地，偉大始於夢想

嬴政雖出身貴族，家世顯赫，可小時候並沒有受到家族任何的庇護，相反，正是因為出身王族，他嘗盡人間的冷漠與艱辛。當然，在艱難度日時，他也萌發了做一番大事業的想法，正是這種想法支撐著他最終平定六國，一統天下。

1 我命由我，不由天

我們經常聽到有人把「命運是與生俱來的，一切只能聽天由命」之類的話掛在嘴邊，雖然宿命無法改變，但是自己的信念和思想卻能夠改變，也就是說，我們完全可以依靠自己的力量改變命運。

嬴政出生於秦國王族，秦國在立國以後，經過百年的發展壯大，成為春秋五霸之一，再經過商鞅變法和諸代君王，尤其是穆公、孝公、惠文王、昭襄王等的努力，獲得了巨大的發展，具備了相當的經濟和軍事實力。在嬴政統一六國之前，秦國歷代君王都有「囊括四海之意，併吞八荒之心」，統一中國的宏大願望使這個家族從封大夫，到列諸侯，為王者，最後獲得天下共主的壟斷地位。穆公以來四百年的努力，打下了良好的基礎，嬴政統一中國已經具備了相當的實力。嬴政的父親異人是秦國派到趙國去的質子，「質」即抵押，「質子」即以子孫、親屬當作人質確保兩國間盟約的實施。一方面，異人是王孫貴族；但另一方面，作為質子，客居他鄉，不受重視，可謂「落難王孫」。雖然始皇家世顯赫，但最初並沒有借助到家庭的力量。他出生在異國他鄉的邯鄲，當時秦趙之間大戰不止，秦趙長平之戰歷時三年，最終趙國慘敗。趙王大怒，決定殺掉嬴政一家，幸虧呂不韋及早得到消息，他們一家才避開了這場浩劫。可以說，年輕的嬴政並沒有得到多少皇家的庇護。

嬴政在趙國邯鄲度過了不堪回首的日子。那時候，秦軍曾坑殺趙國降兵四十萬人，這個莫大的恥辱深深地刻在每個趙人心中，而此時秦國還在圍攻趙國，造成趙人死傷無數，趙國城內缺糧斷水，因此，趙人一致要求處死秦國人質，以泄心頭之恨。因此，嬴政一家三口鬱鬱寡歡，整日閉門不出。後來，異人逃回秦國，留下嬴政與母親在趙國相依為命。隨著秦國與趙國關係的進一步惡化，母子倆處境更加艱難，他們要麼整天不出門，要麼東奔西跑躲避趙人的迫害，惶惶不可終日。尤其是嬴政，當時只能躲在門縫裡，偷看和他同齡的小孩在門外歡歌笑語，孩童的快樂與他無關，寄人籬下、任人宰割的生活讓他萌發了有朝一日報復趙人的決心。

異人成了秦太子後，嬴政和其母趙姬也返回了秦國。

顯赫的家世給年幼的嬴政帶來的只有屈辱和寂寞。可是，在他十三歲繼任秦王後，他的命運開始發生翻天覆地的變化。這時，與他生命、事業息息相關的呂不韋在他的成長道路上起到了很大的作用。

秦王嬴政初登大位，國家政事皆由呂不韋決斷。根據《呂不韋列傳》：「呂不韋以秦之強，羞不如，亦招致士，厚遇之，至食客三千人。……是時諸侯多辯士，如荀卿之徒，著書布天下。呂不韋乃使其客人人著所聞，集論以為八覽、六論、十二紀，二十餘萬言。以為備天地萬物古今之事，號曰《呂氏春秋》。」可見，為幫助少年嬴政網羅人才，呂不韋可謂是煞費苦心，如後來協助嬴政平定天下的得力文臣李斯，便曾是呂不韋的門下舍人。除了招攬人才，呂不韋還通過《呂氏春秋》教導嬴政建立穩固強大的帝國。《呂氏春秋》中記載有，「維秦八年，歲在涒灘，秋甲子朔。朔之日，良人請問十二紀。文信侯曰：『嘗得學黃帝之所以誨顓頊矣……』」

此外，呂不韋還加強了對秦王嬴政的文化培養和學識教育，而秦王嬴政因為從小流落趙國，深深懂得寄人籬下的悲慘，更明白強大勢力的重要性，渴望有朝一日能一統天下。因此，他非常珍惜學習機會，將全部身心都投入到了學習文化知識、通曉古今上。

雖然嬴政經歷了種種不幸，但他並不屈服於命運的安排，而是將這些不順當成一筆寶貴的人生財富，積累人生閱歷，磨煉自己的意志，因爲他相信上天在收走他一些東西的同時，也總會賜予他一些別人沒有的財富。

2 偉大的事業始於夢想

愛因斯坦曾說過：「每個人都有一定的理想，這種理想決定著他的努力和判斷的方向。」

偉大的事業始於夢想。人一定要有夢想，並不是說有了夢想就一定會成功，但夢想讓行動有了指南，有嚮往才有追求的動力。有人說：「人生在世，只要不是瘋子，都會有一個夢想或追求，而人們爲了它，可以不顧一切地去實現。」當夢想成爲一朵永不凋謝的花，成爲人內在情感的力量時，人就有了前進的方向與動力。

秦昭王五十二年（趙成王五十年），此時還叫趙政的嬴政與母親趙姬住在趙莊，靠傭工或教唱糊口，一晃就是三個年頭。趙政已經五歲，也到了該學習的年紀了，為將來當帝王打基礎，於是趙姬決定搬回邯鄲。邯鄲城的人不太會管別人的私事，而且他們在那裡的親朋好友也較多，不會像鄉下那樣寂寞。

在邯鄲城，趙姬只和一些至親好友和故舊的眷屬來往，這些人都屬於高級階層，他們的子女也大都有教養，不會在趙政面前提起關於他生父的事。因此，在這裡，趙政可以和他們玩。

這時，趙姬想到了趙政的基礎教育問題，畢竟在她心中，趙政理所當然是未來秦王的繼承人，目前雖然屈居趙地，但絕不能因此耽誤了他的基礎教育。於是，趙姬通過朋友給趙政找了一位先生，專門教他帝王之術。

就這樣，他們又度過了三年的漫長歲月。趙孝成王雖曾多次派人繼續搜索趙姬，但終無所獲。燕太子丹和相國平原君屢屢勸說趙王，原來的王孫異人，尚且被棄於不顧，今王孫已逃回國去，肯定會另外娶妻生子，趙國對趙姬母子窮追不捨，已沒什麼實際意義了。趙王於是放棄了追索，使得趙姬母子能夠倖存下來，所以他們對於燕太子丹所給予的救助和照顧非常感激。

幾年後，秦趙兩國的關係有所緩和，秦孝文王以書信向趙孝成王相懇，趙孝成王樂得送個順水人情，派人通過趙叔找到了趙姬母子，發給他們通關文牒，讓他們乘車返回秦國。母子倆懷著感激與留戀，匆匆上路。

趙政回國後，即改名為嬴政。沒過多久，他的祖父秦孝文王便撒手人寰。異人繼位為秦王，嬴政也就成了名正言順的太子。異人信守了當年他向呂不韋許下的諾言，再加上呂不韋確實文武全才，於是拜他為相國，總管秦國內政。

從此以後，秦王就開始按照未來王者的要求，傳授嬴政更多的知識，將他調教成治國之才。為了讓嬴政成為傑出君王，秦王和王后一起去拜會了一位老人。這位老人曾是嬴政祖父的老師，他一生不知培養出多少王侯將相，只是他年事已高，不願涉足世事，最後隱居在離咸陽不遠的一個田園山村裡。

秦王見到老人，說明來意。老人沉吟了一會兒說：「主上親自登門，老夫豈能不答應？不過我有一個條件，您必須答應才行！」

秦王忙道：「先生請講，您的條件，寡人一定遵從，您儘管提出來。」

老人說：「老夫閑雲野鶴慣了，今為太子師，不得不住在宮中。但老夫不想受任何官職，也不想受任何約束。等到太子繼位之時老夫即行退隱，不問世事，如何？」

「好，我以為先生會提出什麼苛刻的條件，這沒問題，一切按照先生的意思辦。」秦王暗自高興，爽快地答道。

「那好，老夫要測試一下太子的資質，以便因材施教。老夫知道太子在趙國時曾學過詩經和四書，他天資很好，過目不忘。但光會背死書不見得就是天才，老夫今天準備測試一下別的。」老人說。

於是，老人帶秦王一行來到一間木屋裡，四周有很大的空地，大部分都種了香瓜，現在正是香瓜收成的時候，遍地綠色中夾著金黃，屋裡一條小黃狗正在地上趴著。

老人轉向秦王說：「您看，太子胸向前突，這在相法上謂之摯鳥胸，為人性格悍勇，敢作敢為，將來成就必大於諸先秦王。雖非龍種，卻是難得的變種鯉魚！」

「好，先生，我明白您的意思，那就按您的意思開始測試太子吧！」秦王迫不及待地說。

「太子，您能想辦法把這條小黃狗吆喝起來嗎？」老人開始測試太子了。

嬴政遵命喊了幾次「小黃」，小狗只看看他，仍然懶懶地躺著不動。而老人只喊了一聲，小狗就如箭似的搖著尾巴奔了過去。

「太子，你回答我，為什麼你喊，牠不起來，而我就行。」老人笑著說。

嬴政答道：「因為……因為你常給牠東西吃，而我沒給牠吃過。」老人窮追不捨地問：「假若你現在手上有吃的，牠會不會到你那裡去？」

「那要看牠肚子餓不餓，餓就會，不餓就不一定。」嬴政回答道。不愧是太子，他的答案就是和別的孩子不一樣。

此時，老人又問了嬴政一個問題：「現在我要你去牽一頭牛來，能不能辦到？」

嬴政搔搔頭，答道：「大牛我可以牽來，小牛我辦不到。」

「為什麼？」老人似乎也對他的答案感到意外。

其實在邯鄲時，嬴政常見到老人牽著牛從街上走過，因此他並不陌生。於是他若無其事地答道：「大牛穿了鼻環，而且被人牽慣了，我拉牠，自然會跟我走；小牛沒穿鼻環，又總是亂跑，我追不到牠。」老人皺皺眉頭，秦王在一旁忍不住哈哈大笑。

老人向秦王提議帶上嬴政到街上走走。在老人的引導下，嬴政看到了許多他以前想像不到的情景和場面：眾多低矮陰暗的草屋裡，一家十幾口擠在一張炕上，無論春夏秋冬，屋子裡都是陰森潮濕……光著身子的嬰兒，在潮濕的泥土地上爬著，或是吸著營養不良的母親的乾癟乳頭……

看到這些情景，嬴政很奇怪，他的心中充滿疑惑：為什麼他們的家裡只有小孩？他們的大人呢？這時，測試的機會來了，老人回答道：「其實這一切都是戰爭惹的禍，它使天下老百姓精壯減少了，老弱增多了。」接著，老人又以秦趙兩國戰爭為例，述說戰爭造成了多少生靈塗炭，多少人無家可歸。

嬴政馬上發問：「國與國之間為什麼要打仗，難道有什麼問題不能坐下來好好商量嗎？」

此時，老人反問道：「那你小時候為什麼要打架呢？」

「很多很多原因，一時說不清楚。」嬴政緊鎖兩眉沉思，已經是成人的表情，「但是我只知道，要有一個能壓服眾人而又公平的人，我們中間就會打架少一些。」

「其實，國與國之間打仗，和你們打架差不多，表面上是只為一個原因，實際上原因複雜得很。」老人沉思著說。

這時候，秦王也插了一句話：「也許戰爭是人類的天性吧？不僅是為了生存。關於戰爭的書，將來有時間可以深研後寫一本。」而嬴政這時卻答道：「戰爭的書，也許就是天下統一的書，要天下沒有戰爭就要天下統一！」

老人和秦王聽到這些，都哈哈大笑起來。

「好，好，那我問你，假若別人不讓你統一，怎麼辦？」老人邊笑邊問道。但他也驚奇，嬴政這麼快就得出如此簡單的答案。

嬴政跳起來說：「打，打得他願意聽話為止。我以後一定要統一天下，讓老百姓過上安穩的日子。」

這時，秦王和老人都沉默了，嬴政的話似乎有點道理。自古以來，天下就分分合合，以戰爭開始，又以戰爭結束，周而復始，其中道理不會這樣簡單。也許有股大力量鎮壓住諸多小力量，乃是暫時維持統一與和氣的唯一辦法。

嬴政也沉默了，他在想有朝一日，自己擁有至高的權力時，如何讓戰爭永遠不再發生。也就是從那時起，一統天下的夢想在他的心裡扎下了根。

胸懷大志是一切成功者的共同特徵。古人云：「有志者事竟成。」人如果沒有遠大的志向，就不可能幹出轟轟烈烈的大事業。

正是因爲秦始皇從小就有了一統天下的偉大夢想，他才能憑藉著對自己的信任以及對夢想的堅持，再加上他的聰穎天資和勤奮好學，最終成就了統一霸業。在以後統一六國的過程中，即使遇到再多困難，吃再多苦，他也不曾放棄曾經擁有的夢想。同時，夢想也讓秦始皇變得更加現實，更加懂得利用權術、謀略戰勝對手，最終憑藉自己的機智，使理想照進現實，成就大秦帝國。

3 幸運來自艱苦卓絕的努力

舉凡偉人，傾其一生，都能孜孜不倦地全身心撲在事業上。在歷史上，秦始皇是有名的勤政君王。秦始皇的一生，就像是不斷狩獵的一生，不斷磨煉技術的一生。從登基之日起，他便不斷奮鬥，不斷充實自身的學識素養，到後來，一年一年地征戰，四處奔走，十年時間裡終於一統天下。可是，登上中原皇帝寶座的他並沒有停止腳步，他贏得天下，享有天下的決斷權，金錢、人口、農田……都是他的財富，可以成之，也可以毀之。於是，他便任意為之，修道路，築陵墓，征戰匈奴……凡是他能涉足的領域，從不放過。這種精力為人嘆服，也使人相信，成為一個帝王自有他特有的眼光。

嬴政在繼任王位後，任由呂不韋處理朝政，他則利用閒暇時間彌補自身文化素養方面的不足。他自小顛沛流離，大部分時間都用在逃避他人的追殺上。好不容易返回國土後，他深知自己的弱勢所在，一國之君，沒有一定的見識又怎麼能執掌天下呢？因此在這段時間裡，嬴政大量閱讀書籍，吸收各家學說，並將韓非子的思想作為他後來治國的基本原則。

即便是在出遊時間，他依然時刻關注著國家政務，行使皇帝治理國家、做重大決策的權力。他路經的地方，文武百官和地方官員都得隨時奏事，由他審斷後再做決策，下達指令。

秦始皇在位三十七年，一直處於忙碌狀態，他東奔西走從不止步。西元前二三八年，平定嫪毒叛亂，並剷除嫪毒餘黨，罷黜呂不韋，遷太后出宮；西元前二三五年，呂不韋自殺而亡；西元前二三〇年，嬴政派大將內史騰率兵首攻韓國，韓安王被俘，韓國亡。

但是，嬴政並沒有就此結束戰爭，他連連派兵，一舉殲滅韓國貴族的反抗力量。後來，即西元前二二六年，韓國又發生叛亂，嬴政派出重兵，徹底征服了韓國。在出擊韓國的同時，嬴政又派王翦、楊端率軍出擊趙國，趙將李牧、司馬尚頑強抵抗，秦軍未能立即拿下趙國，於是嬴政接受了頓弱的建議，使出離間計，挑撥趙王與李牧等大將的關係，李牧在戰急的情形下，拒絕交出兵權，後被趙王派人刺殺。趙國驍勇善戰的大將一死，秦軍在與趙國的對戰中長驅直入。

三個月後，王翦俘虜趙王，同年十月，秦軍入主趙國邯鄲，趙國亡。之後，嬴政一直追擊趙國的剩餘力量，直到西元前二二二年，才徹底解決趙國的問題。滅趙後，秦軍繼續揮軍伐燕。期間燕國懼怕趙國的強大兵力，曾派出荊軻刺秦王，終究沒能達成目標。盛怒之下，嬴政增加兵馬大舉攻燕。西元前二二六年，嬴政奪燕都薊，並乘勢追擊，西元前二二二年，俘虜燕王，燕亡。西元前二二五年，秦王政命人掘開黃河堤壩，水淹魏都大梁。三個月後，魏王降，魏國亡。

隨後，嬴政把主要軍事力量放在攻楚上，從西元前二二六年至西元前二二三年，秦軍花費三年時間，終於降服實力強大的楚國。此刻，秦國離兼併六國只有最後一步——滅齊。嬴政多年以來一直賄賂齊相國，假意交好齊國，因此，齊國從來沒有備兵防衛戰事，軍力日見下降。西元前二二一年，秦軍攻打齊國，齊國立刻投降，齊亡。

作為一國之主，嬴政從戰事到政事，一一執掌，可謂日理萬機。嬴政將大權集於一身，「天下之事無大小皆取決於上」，而且精力充沛。在秦朝建國的十年間，嬴政五次出巡，南北東西，足跡踏遍大半個中國，這在當時交通極不發達的情況下，沒有超人的精力是難以想像的。

據《漢書》記載，秦始皇「躬操文墨，晝斷獄，夜理書，自程決事，日縣石之一」。當時的公文，是寫在竹片木板上的，嬴政每天白天審理案子，晚上還要批閱公文，而且他給自己定下了工作量：每天必須批完一石公文才能休息。一石在當時是一百二十斤，相當於現在的六十斤，可見嬴政的工作任務之繁重。

嬴政的一生，從來都沒有停歇過，罪責也好，功勞也好，他用他忙碌的一生譜寫了與眾不同的業績。他出遊五湖四海，瞭解山勢地形，制訂發展方案；他東征西戰，擴大秦帝國的版圖；在治理國家時，他亦不畏國事的繁重，面面俱到。今人在感歎他的偉業之時，也不妨學著付出努力。

做人就像培植花木一樣，與其把精力消耗在毫無意義的事情上，還不如集中所有的精力，埋頭苦幹，全力以赴，這樣才容易達到生活的頂峰。

4 勤學不倦，隨時「充電」

如果一個人不能持續地學習，就會被社會所淘汰。只有隨時隨地補充能量，擁有一種積極的學習心態才能夠永遠充滿自信。

在這個變化越來越快的現代社會，每個人現有的知識和技能都很容易過時，只有不斷地學習，才不會被淘汰。德國設計中心主席彼得．札克說：「在人生的這場遊戲中，你要擁有生活和學習的熱情，吸收能夠使自己繼續成長的東西來充實你的頭腦。」如果一個人不能持續地學習，就會被社會所淘汰。

在六國諸侯分踞一角的動盪時局裡，嬴政卻分明看到了自己日後統一六國的趨勢。此刻的嬴政收斂了他的勃勃野心，把自己的全身心都投入到學習上，一方面學習謹記古人的治國之道，以及古代帝王成敗的經驗教訓；另一方面也嘗試著以自己的眼光審時度勢，這為他以後採取獨特的方式管理國家帶來了很大的幫助。

這種勤奮學習的態度一直貫穿嬴政的一生。他的一生，是霸道專橫的一生，也是高瞻遠矚、規劃天下的一生。為了實現他平定天下的計畫，嬴政可以說是不恥下問。他熱愛讀書，學習治理天下的謀略，如他曾經如饑似渴地大量閱讀韓國人韓非子的論著一般，只要是能人智士，於他宏偉大業有幫助，他總是樂於學習其思想精華，重用他們的理國大計。

只有不斷學習的人，才不會被社會淘汰，也只有隨時隨地對生活抱著一種學習心態的人，才能超越年齡上的障礙，戰勝生理上的老化，使心態保持年輕，讓自己充滿活力。

5 成功必須有規劃

古語云：「凡事預則立，不預則廢。」說的就是制訂發展規劃的重要性。規劃目標有長短之分，在我們成功的道路上，一定要確立長遠的規劃和目標，只有這樣，才能從整體上把握住發展方向，並在長遠目標的方向之中，一步步確定近期規劃，做到步步爲營，最終走向成功。

嬴政在當政之後，為了適應對外兼併戰爭的需要，對朝中的人事重新做了調整。他任命李斯為廷尉，除掌理刑獄外，還負責對外諜報工作；任命尉繚為國尉，掌管軍隊。

對於任命李斯為廷尉，大臣們無話可說，但對於任命尉繚為國尉一事，很多大臣都表示質疑。丞相王綰認為，秦國朝野上下對尉繚這個人都不瞭解，現在突然任命他為國尉，恐怕難以服眾，如果眾將不服，他又如何指揮調度軍隊？

嬴政見大家對尉繚心存疑慮，便讓蒙武向大家介紹尉繚的基本情況。蒙武在向大家介紹尉繚時，不由流露出對尉繚才識的欽佩。

原來，尉繚曾建議嬴政採取「分強為弱，各個擊破」的策略，深得嬴政賞識。他勸嬴政不要愛惜財物，用重金賄賂各國權臣，破壞和擾亂各國之間的合縱計畫，從而有利於秦國對東方各國各個擊破。這些策略都取得了顯著效果。

眾大臣見蒙武如此推崇尉繚，而且嬴政也堅持自己的任命，也就無話可說了。其實，李斯和蒙武最明白嬴政的意圖，他任命尉繚為國尉，目是就是想由自己直接掌握軍權。以往，無論是由呂不韋的人還是由宗室大臣擔任國尉，都和統軍將領有著深厚的淵源，容易發生嫪毒式的謀反事件。現在，任命與秦國將領毫無關係的尉繚擔任此職，就不會再有這樣的事情發生，由於國尉與眾將領彼此毫無瓜葛，自然也難以操縱諸將，這樣，他就純粹成了君王的幕僚，幫助君王處理一些日常軍政事務，辦理君王交代的其他事務，而軍隊的實際指揮權則掌握在君王手中。

這些做法也正是嬴政的一次成功的人生規劃。為了加強王權，維護其對秦國的絕對統治權，他又發佈了一系列命令：

今後對有功將士只封爵位而不再世襲，也就是說，爵位只是一種世襲榮譽，不再擁有土地和兵權。

在被征服地區推行郡縣制，今後在對外兼併戰爭中，所佔領關東各國的土地，一律依照秦國的制度在那裡設立郡或縣。

實施撫恤制度。給予戰死及傷殘者優厚的撫恤及協助，壯勇者被規定需從軍，為免除軍人在前方作戰的後顧之憂，對於家中已無男丁可從事農耕者，地方政府將協助其農耕，並免除其田賦。

重農抑商的基本國策得到恢復。秦國購買土地一律不予賣給外國商人，政府規定商人對農民的貸款利率，杜絕商人以高利貸剝削農民。

山林、礦產、鹽、鐵等全部收歸為國有財產，禁止地方政府擅自租賣給商人。

秦國貨幣作為通行貨幣。為了規範管理各國通商混亂局面，規定今後只能官方鑄錢，別國貨幣及私人鑄錢禁止流通。該制度隨著軍事征伐的進程不斷推廣到新征領地。

增設關卡，為籌軍費，過關貨物必須按成收稅。

在制定了一些基本的方針策略後，秦王政又召集一班重臣，討論平定天下的戰略目標及出兵的先後順序。

有人主張應該先滅掉楚國以增強國力，同時避免側背之憂；有人認為應該先滅掉韓國和魏國，再進軍趙國和齊國，免得後方遭到襲擊。

李斯認為，趙國是中原的核心，攻取趙國，東可以取齊國，北可以攻燕國，南可以伐魏。秦國與楚國有長江天塹阻隔，這等於秦軍的側背有了依託，不存在側背受楚國威脅一說，所以應該先「攻趙滅韓」。

嬴政最終採納了李斯的建議，對群臣下達全國總動員的命令，所有軍費、兵員、後勤支援等事項，必須在半年內全部完成，預定在秋季發動對趙國的攻勢，再順道滅韓。

為了一舉攻滅趙國這個強大的軍事對手，實現統一天下的目標，嬴政親自主持作戰準備會議，參加會議的有丞相王綰、國尉尉繚、廷尉李斯、將軍王翦、裨將蒙武及其他文武大臣。當時，大將軍桓齮已經率領二十萬大軍在趙國邊境部署，等待嬴政下達攻擊令。

會議上，嬴政公佈了統一天下的總方針：全力攻趙，爭取中原軸心；順道滅韓，除去側背威脅；脅迫魏國合作，以此作為進攻趙軍的後方；與燕、楚搞好關係，加強對楚國的防備；中立齊國，避免其援助趙國。國尉尉繚通報了軍民動員情況、士兵陣亡、負傷者的撫恤制度，以及遠征軍後勤補給的準備與執行情況。兼管情報工作的廷尉李斯則通報了各國動態。丞相王綰及其他大臣也分別通報了自己所經辦的戰備事務。

在這次戰略討論中，如何使齊國中立是中心問題，大臣們的意見並不一致。丞相王綰認為，齊國目前政策搖擺不定，如果對齊國強硬威脅，就等於逼齊國走上與趙國聯合的道路。況且齊國多年沒有發生戰爭，國內經濟狀況良好，國力雄厚，要是與趙國共同抗擊秦國，勝敗就難以預料了。

國尉尉繚則認為，如果向齊國示弱，答應給予他們優厚的中立條件，齊國就會自恃強大，認為自己有左右戰局的能力，一定會開出令人無法接受的條件，反而會弄得談判不成反成仇。這樣不就是逼迫齊國與趙國聯合嗎？因此，應該一開始就對齊國採取強硬的態度，況且齊國升平日久，朝野上下都恐懼戰爭，對他們強硬一些，反而能嚇住他們。

廷尉李斯說，最好是雙管齊下，先派人示好，再以戰爭相威脅，但不宜過於明顯，否則會使齊國自認為能左右戰局而走向秦國的對立面，並引起趙國的警惕。

嬴政覺得李斯的意見可行。

而此時，蒙武一言未發，嬴政點名要他發言：「蒙將軍今晚未發一言，聽了這麼多意見，想必是胸有成竹了。」

蒙武說：「微臣奉命調軍協助王翦將軍，理當考慮駐韓秦軍情況，對於這些國家大事，微臣沒有資格發言。」

「與會者都有資格發言，希望將軍不必自謙。」嬴政鼓勵說。

「微臣私下認為，對齊國無論是威脅還是利誘，都應該在暗中進行，而且要選定對齊王有決定性影響的人物，目標不必多，選準一兩個就行。」

嬴政大笑，對眾大臣說：「大家看看怎麼樣？這才是箭不虛發，發必中的，蒙將軍與寡人所見略同。」

眾大臣相對無言。

會後，嬴政命蒙武前往齊國遊說齊國丞相后勝，授予他全權處理此事，必要時可以便宜行事，威脅利誘，甚至暗殺都可以，但必須要讓后勝就範。同時，嬴政命令李斯向蒙武提供一切有關后勝的個人資料，以及蒙武此行所需的一切援助。

綜上所述，爲了加快統一天下的步伐，嬴政一改過去蠶食諸侯的策略，制訂了更爲明確的戰爭規劃與兼併目標——攻趙滅韓，聯合魏國，結交楚國和燕國，中立齊國。他認爲，實現這一戰略目標最重要的一環是避免趙國和齊國聯合起來。因爲趙國軍隊勇武善戰，戰鬥力是東方六國中最強的，一向是抗擊秦國的主力；而齊國財力雄厚，一旦強大的財力和強大的軍隊戰鬥力結合，就會成爲秦國兼併道路上的攔路虎，誰勝誰敗，難以預料。只要能想辦法讓齊國保持中立，自長平之戰以來國力不振的趙國就會孤掌難鳴，難以抵擋秦國強大的攻勢，一旦解決了趙國問題，整個東方六國的問題也就迎刃而解了。

後來的戰爭進程表明，這一戰略目標切中了六國形勢的要害，對於戰略全域有著決定性影響。

我們不能做沒有理想的人，沒有理想的生命是黯淡的，飽食終日、無所事事，會使人墮落；我們同樣不能做好高騖遠的人，好高騖遠的人對自己要求過高，其結果必然是吃力不討好的。有時候，不爲自己做不到的事情操心，將時間和精力用在我們力所能及的事情上，那麼我們的歡樂就會多一點。

6 意志力是奮鬥的血液

古語云：「福兮禍之所伏，禍兮福之所倚。」

辯證法的規律在自然中是客觀存在的，同樣也作用於我們的生活。一個人在年輕時歷經磨難，當時對他可能是一件禍事，但對他將來的人生而言，很可能是一件幸事。

磨難會使人變得早熟，磨難會塑造人堅韌不拔、奮發向上的性格，而這些都是成大事者必須具備的條件。

所以孟子說：「天將降大任於斯人也，必先苦其心志，勞其筋骨，餓其體膚，空乏其身，行拂亂其所爲，所以動心忍性，曾益其所不能。此之爲大丈夫也。」也就是說，一個人要想有所作爲，必先忍受逆境的煎熬，然後才能成大事。

嬴政少年時在趙國的經歷可謂是他的一筆寶貴財富。在秦趙相惡期間，其父異人在趙國當人質，嬴政的出生並未給他帶來多少歡樂，反倒成了一個累贅。在嬴政出生的前一年，秦軍坑殺趙兵四十萬於長平，極大地震驚了趙國上下。趙人那一雙雙噴火的眼睛，恨不得把嬴政一家吞掉。嬴政全家的處境可想而知，隨時有喪生的可能。多虧呂不韋的庇護，他們才死裡逃生。後來趙國要追殺異人，呂不韋帶著他逃回了秦國，而這一逃，雖然保全了異人，卻使嬴政母子的生活更加艱難。

嬴政在邯鄲生活了八年。在這裡，戰爭、饑餓和仇恨，使他幼小的心靈受到極大傷害。一方面，周圍人仇恨的目光以及虐待使他變得孤僻、冷漠和寡言；另一方面，他也學會了默默忍受，並用同樣仇恨的目光去看待這個缺乏溫情的世界。他變得自卑又自傲，冷酷又狂熱，並具有強烈的復仇欲望。

周圍的人都十分蔑視趙姬這個嫁給秦國人、又被秦國人拋棄的女人，他們把戰爭帶來的痛苦與悲憤全都發洩到這對母子身上。看到這個女人過去的驕奢淫逸，再看到她現在的狼狽潦倒，人們心裡生出一種惡毒的快意。他們對她惡言相向，用各種辦法加以羞辱。面對人們的欺侮，他們母子不敢有半點反抗，只能強忍淚水，他們知道，若不忍受這一切，更大的災難會立刻降臨。趙國當局早已把他們列入鎮壓之列，若不是趙姬娘家幫助他們東躲西藏，恐怕他們早就被處死了。

嬴政是人質的兒子，每當他走在邯鄲街頭，到處都是謾罵聲，更有甚者會抓起嬴弱的嬴政，一頓拳打腳踢。他成為眾人發洩怒氣的對象。

對嬴政來說，幼年的這番磨難是幸運還是不幸，他自己也不知道。但歷史似乎在用獨特的方式有意地塑造他，將他塑造成一個剛毅、果敢、不屈不撓的鐵血君主。他並沒有被苦難的生活嚇倒，而是把它看成是對自己的磨煉，使他養成了隱忍的堅強意志，這為他後來排除萬難統一中國奠定了基礎。

嬴政一生下來就是一個戰爭難民。戰爭使外部環境越來越惡劣，而他也不得不四處躲藏，但他心中始終有著一個明確的目標，就是回到秦國，所以他忍受著外界的壓力，這也形成了他少年老成、工於心計的性格，並且心中充滿了對敵人的仇恨，對前程的渴望。最終，他實現了他渴望已久的理想，但他堅定而凶殘的性格也影響了整個大秦帝國的進程。

苦難並不完全是人生中的一件壞事。少年時候經歷的磨難，能夠鍛煉一個人的意志，培養一個人的品格，就像一棵幼苗，多經歷風霜雨雪，才能茁壯成長。

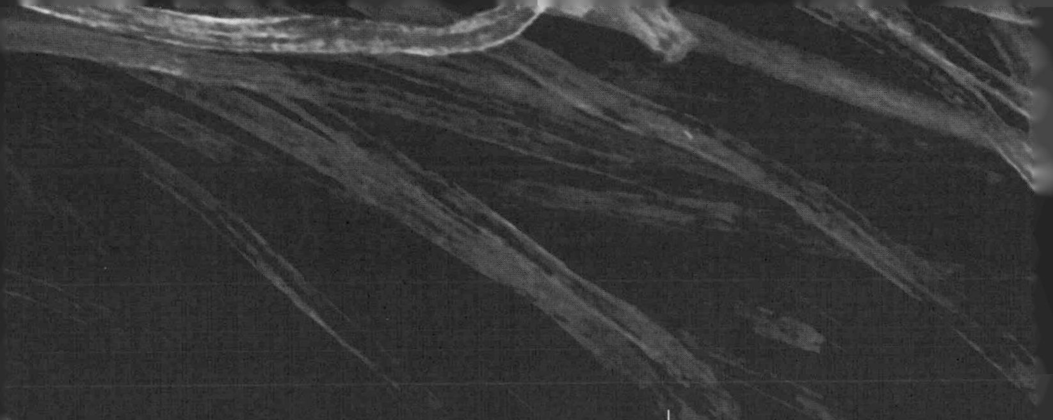

第二章

厚積薄發，伏久者必高飛

通向帝王權力頂峰的道路，時刻充滿著危險，稍不小心就會被競爭者偷襲，成為對手渲染勝利的祭品。剛開始就氣勢洶洶地把自己的全部本領都使用出來的人，最終會被打敗。

秦始皇是深深懂得這個道理的。

1 養精蓄銳，伺機而動

人們都懂得做事不可打草驚蛇的道理。在自然界裡，當動物們要向敵人下手時，多會養精蓄銳，等到有把握時再猛然攻擊。比如貓在捉老鼠時，總是會等到靠近時才猛然追趕；當蛇發現了小鳥後，並不急於顯露自己，而是悄悄竄到小鳥跟前，再猛衝過去，咬住小鳥不放；鱷魚在吃岸上動物時，並不是先顯露身體爬上岸，而是先在水下悄悄靠近岸上的動物，當牠認爲距離足夠近時，便猛然一躍，牙關緊咬岸上動物的脖頸，將其拖入水中。

縱觀古今中外，勝利的一方往往不會橫衝直撞，而是懂得先躲避強勢，耗敵實力，蓄勢待機，再突然發力，擊敗對手。而剛開始就氣勢洶洶地把自己的全部本領都使出來的人，最終會被打敗。

秦始皇是深深懂得這個道理的。

帝王大業，自古華山一條路。通向帝王權力頂峰的道路，時刻充滿著危險，稍不小心就會被競爭者偷襲，成為對手渲染勝利的祭品。「櫻桃好吃樹難栽，不澆苦水花不開」。嬴政接替父親登上秦王之位可算是得到了一棵好大的櫻桃樹。這棵櫻桃樹能不能結出美味的櫻桃果子，尚需要嬴政多年苦心地澆灌和呵護。

此時，六國聯軍在趙國公子嘉的率領下，兵分五路進攻函谷關。一石驚起千層浪，面對氣勢洶洶的六國大軍，秦國內部也開始了一場角逐。呂不韋剛好「病了」，公子成蟜回到咸陽開始秘密活動，避居雍城的嫪毐也不再安分，這一系列事件將嬴政推到了風口浪尖。我們把嬴政面對的情況做一下分解：

・呂不韋的威脅

儘管呂不韋和嬴政存在不知真假的父子關係，但享受到權力好處的人是不會輕易讓出權力的。嬴政一天天長大，呂不韋的危機感也越來越強。在秦國的危急，呂不韋裝病其實是在試探嬴政對他的態度。

・公子成蟜的威脅

嬴政繼承秦國王位，成蟜被打發到邊關帶兵。幾年的軍隊生活，讓公子成蟜明白了槍桿子裡出政權的道理。秦國大臣莊襄王的異母弟弟子尹、夏太后、大將樊於期都加入到成蟜的陣營，只待時機成熟，撥亂反正，一舉剷除嬴政、呂不韋的勢力。

・太后趙姬和嫪毒的威脅

太后與嬴政是母子關係，不會對嬴政起什麼壞心眼。但是嫪毒是個地痞流氓，想靠著裙帶關係爭奪更多財產是肯定的。嫪毒也不是沒有「王即薨，以子為後」這樣天真的想法。

・六國聯軍的威脅

如果函谷關前六國大軍打敗了秦國軍隊，那麼關中之地就再無險可守。正所謂兵敗如山倒，到了那時，秦國嬴氏必定會族滅國亡。嬴政身為秦國的君王，卻沒有握有管理權。呂不韋在政治上咄咄逼人，六國大軍連袂而至，公子成蟜和嫪毒聞聲而動，看似安靜的咸陽王宮，其實是暴風雨來臨前的寧靜。

・嬴政目前的困局

其實只有一個中心問題，那就是獲得權力，鞏固地位。名正言順取得秦國執政大權的時日未到，仍然需要倚重呂不韋。呂不韋握有實權，已經在秦國朝堂上形成了自己的獨有勢力，不可能輕易讓出權力。要想馬上得到實權，只能等待時機，尋找機會除去呂不韋，控制秦國。可是呂不韋雖然是限制嬴政權力的最大障礙，但也是保護嬴政地位和身家性命的屏障。砸掉這個屏障固然能得到自由，危險也將不期而至。嬴政還不具備應對這些危險的能力，只能寄希望於呂不韋。

聯絡嬴氏宗親，忠於王室的大臣，合謀幹掉呂不韋，奪取秦國大權。這個策劃的成功率有百分之五十，不成功便成仁。如果不成功，呂不韋很可能將嬴政斬殺，另立新君；如果成功了，嬴政將呂不韋斬殺，也未必能坐穩秦王之位。嬴政是依靠呂不韋的支持，才坐上秦王之位的。自己順利奪得秦國大權，卻失去了呂不韋的庇佑，其他公子以及呂不韋的門客將會對嬴政進行反撲，那時秦王之位到底鹿死誰手，實未可知。

順從呂不韋，支持呂不韋幫助自己打江山，剷除反對自己的勢力，等自己力量壯大，時機成熟之後，奪取大權，除掉呂不韋。很明顯，嬴政選擇了一條明智之路。如果暫時能力不足，那就韜光養晦，潛伏起來等待時機。當然韜光養晦不是軟弱退讓，而是伺機而動，有所作為。攘外必先安內，大敵當前，嬴政的對策是：

表達態度，贏得呂不韋的支持。只要呂不韋不倒，成蟜、嫪毒和六國聯軍都翻不起什麼浪花；變通國策，進行改革，為獲取戰略物資，同意呂不韋廢除秦孝公只有軍功才能獲得爵位的法令，昭告全國，納粟千斤者便可拜爵一級；尋找盟友，借著軍中對納粟換爵政策的不滿，提拔蒙氏家族，委以重任；在呂不韋身邊安插自己人，削弱呂不韋的力量；設崗分權，嬴政還接受昌平君的建議，在呂不韋出征後，馬上進行了人事安排的調整，設立左右兩相，分出呂不韋的權力；搞地下工作，對於公子成蟜和嫪毒的問題，嬴政用李斯的建議設立特務機構，派遣大量奸細潛伏在六國大臣和秦國重臣身邊，或者收集隱私威脅，或者重金收買，或者暗殺，時刻掌握天下的動向。

嬴政的種種舉措，不僅幫助秦國度過了滅國之危，還保住了自己的秦王之位。在複雜的政治關係中，嬴政成為掌控各股勢力的最大贏家。他巧妙地運用各方勢力之間的矛盾，在尋求平衡的過程中，攫取了自己本該擁有的權力和利益。

古人云：「木秀於林，風必摧之。」說的就是人不能太鋒芒畢露，否則就很容易遭到別人的非議和敵視，就如同走路一樣，不能總抬頭看前方、遠方，也要及時地學會低頭，爲的是不讓自己鋒芒畢露，爲的是更好地學習別人的長處。不管是在任何時候，一個人要善於保存自己，急流勇退，這不是消極地避凶就吉，而是爲了養精蓄銳，伺機而動，爲了自己更好地發展而積蓄力量，爲了最終的成功。

2 進無路時，先選擇退一步

無論做什麼事，都不可能是一帆風順，尤其是那些有抱負、想要有大作爲的人，必定會遇到更多的考驗，很多時候都需要一時的忍讓，暫時躲避開敵人的鋒芒，然後積聚實力，讓自己變強，找準時機，實現抱負，成就大事。

秦始皇就是通過洞察朝政以及其中的利害關係後，暫時隱忍，最後爭取到了更大的權力。

秦始皇七年正月，彗星先出東方，再現北方。太史啟奏：彗星在日旁，主子殺父，弟犯兄；現在北方則主刀兵。嬴政置之一笑，他既無父可殺，相信公子成也不會犯他。

五月，彗星見西方，這是一種不好的徵兆。沒過多久，軍中使者來報，將軍蒙驁得急病死於軍中，相國呂不韋建議暫時退兵河內，秦王准奏。秦軍還師，順道攻下汲城。

五月十六日，彗星復現西方。莊襄王生母夏太后死，朝中的政治鬥爭更加激烈，嬴政似乎是一個旁觀者，事不關己高高掛起。

等夏太后下葬，守喪三月期滿以後，時間已是冬季臘月，掌管禮儀的奉常和掌宗室事務的宗正聯合上奏，嬴政和公子成都將年屆二十，應該準備行冠禮，並選定次年正月正日午時為舉行冠禮最佳吉日良時。

但是，當奏簡呈到相國呂不韋那裡就被打了回去，呂不韋批駁的理由是：周禮男子二十而冠，乃是按照實足年齡滿二十計算。呂不韋更是找出那些當過他門客而經他引薦入朝當博士的官員，紛紛引經據典力爭，這次行冠禮的事就此打消。有些宗室大臣直接上奏嬴政，他內心雖充滿怨憤，表面卻微笑著說：「先前多少年來，也許大家都錯了，照相國所議好了。」

朝中有些耿直又不明利害的大臣又紛紛上奏，要求嬴政親政，相國呂不韋將這些人找來責備了一頓，他說：「各位這個請求是什麼意思？主上現在不是凡事都親自批答嗎？丞相總領百官，就各位上奏擬定批答建議，讓主上選擇，或是作另外批復，這也是我的職責，各位為什麼要懷疑是我獨攬大權呢？」

這些大臣明知道他是強詞奪理，但一時還找不出話來駁他，只落得啞口無言，面面相覷。

最後，呂不韋自己打圓場說：「也許等到主上行冠禮以後，我就不會再替他擬批答，一切政務交由他自己去辦。」

大家一想，再等一年是沒有關係的，只不過他到時又要玩什麼花樣就沒人知道了。

有人向嬴政秘密啟奏，他只笑了笑說：「呂相國能者多勞，就讓他多辛苦點，不要去煩他！」

嬴政的態度，讓人認為他很懦弱，但是只有他自己知道，他是「不飛則已，一飛沖天」。他現在忍讓，是為了等到時機成熟的時候，拿回所有屬於他的一切。

後來，嬴政以嫪毒叛亂為藉口，罷了呂不韋的相國之職，把他趕回了河南封地。

雖然這時候呂不韋在秦國失勢了，但是他的聲望在山東六國當中還是很高的。諸侯賓客使者都相望其於道，有事就會先請文信侯。在這種情況下，呂不韋沒有承認自己的失敗，嬴政也沒有認為自己的奪權計畫已經實現。他只是暫時將呂不韋放回去，以便於削弱他在咸陽的實力。

等到一切準備完畢的時候，嬴政給遠在河南洛陽的呂不韋寫了封信：「你對秦國有何功勞？秦國封你在河南食邑十萬戶。你與秦王有什麼血緣關係？而號稱仲父。你與家屬都一概遷到蜀地去居住！」

如此言辭，深深地隱藏著秦始皇對呂不韋長久以來把自己當作傀儡皇帝的怨恨，他是在責問呂不韋，但是卻又不需要答案，因為現在的大權已經完全在他的手裡。

他終於等到了這一天，爭回了自己的王位和皇權。

進無路時，先選擇退一步，你會發現海闊天空。退一步，也許是更大的空間，也許是更合適的時機，總之都是從暫時的「讓」當中求得的生機。只要有了生機，就不怕沒有還魂的機會。嬴政從懂事起就已經明白了這個道理。

3 以退為進，以柔克剛

老子在《道德經》裡指出：「柔之勝剛也，弱之勝強也，天下莫不知。」在這裡，老子認爲「以柔克剛」是一種高超的處世之法。事物總有強弱之分，但它們之間可以相互轉化；對弱小的一方來說，戰勝強大的對手不是不可能的。善於把握雙方的力量對比，掌握以柔克剛、適當迂迴、以退爲進的技巧，才是明智的。

有時候人生就如同一局棋，往往不能以一時的得失來斷定最後的結局。那些最後的贏家，不會爲一時的得而喜悅，也不會不爲一時的失而氣餒。他們縱觀全域，以退爲進，以最小的代價來換取最後的勝利。秦國攻打魏國的都城大梁，採用「適當迂迴，以退爲進」的辦法，最終取得勝利。

西元前二二八年，秦王嬴政終於拿下了頑強的趙國，王翦、李信及他們的戰士們回到秦國，受到了嬴政的禮遇。他把兩位將軍請到書房裡，商談下一步攻楚的事情，可就在此時，侍衛來報，說新鄭地區發生叛亂，殺害了秦國派去的地方官員，反叛的主要原因是受了魏王的挑撥。而當地駐軍太少，叛亂一時間難以鎮壓。

這時，王翦忙說道：「新鄭和魏國首都大梁只隔了一條黃河。如現在不馬上攻打魏國，日後可能對攻齊伐楚不利。」嬴政沉思了一會兒說：「正合寡人此意，這樣吧，派令郎王賁出馬平息叛亂。」

其實，對於王賁來說，平息叛亂不在話下。他很快平定了新鄭的叛亂，接下來就把進攻的目標對準了魏國。魏國是第二個被秦始皇徹底滅亡的大國。魏國是三晉之一，戰國初期，勢力強盛，一度居於首強的地位，但是由於內政、外交、軍事的失策，很快便一蹶不振。臨近滅亡前的魏國與韓國相似。

魏國的開國之君是魏文侯。魏文侯在位長達五十年，而且魏文侯是戰國七雄中，第一個重用李悝實行變法的君主。在他當政的五十年內先後任用李悝、翟璜、吳起、樂羊、西門豹、卡子夏、田子方、段干木等一批政治家、軍事家。

魏文侯、魏武侯時期，借助強大的實力和三晉聯盟的協作，魏國四面出擊，先奪取秦國的河西地區，滅亡中山國，然後又組織三晉聯軍攻破齊國長城，並屢次打敗楚軍。經過幾十年的經營，魏國領土迅速擴大，它的國土橫跨中原腹地，土地廣袤。魏國由於佔據了有利的地理位置，在戰國初期和中期一直是戰國七雄中舉足輕重的強國。

西元前三四四年，魏國發起並主持了「逢澤之會」，魏國在這次盟會上稱王。

令人意想不到的是，「逢澤之會」成為了魏國衰落的起點。隨著時間的推移，魏國首強地位徹底喪失。

隨著東齊、西秦的崛起，魏國再也沒有重振雄風。魏國在齊、秦兩強的夾擊下，屢遭慘敗，還不斷招致楚、趙等國征伐。逐漸強盛的秦國也不斷攻擊魏國，魏國處於被其他諸國日益蠶食的境地。

西元前二二五年，秦軍攻打魏國的都城大梁。秦軍到了大梁以後，發現大梁的地勢低窪，易守難攻。秦軍打仗從來都是速戰速決，這次當然也不例外，可大梁城之堅固，天下聞名，如果強攻，秦軍必定死傷眾多，而且如此也未必能取得想要的結果。

強攻不成，只有智取了，適當迂迴，以退為進，才是最好的辦法。王賁根據大梁城地勢較低的特點，決定在大梁城北邊，掘開黃河，水淹大梁。

原來大梁城的城牆，是用夯土製成的，被黃河水浸泡三個月以後，土製的城牆全部坍塌了。養精蓄銳的秦兵衝入大梁城內，很快打敗了疲憊不堪的魏軍。魏王被活捉了，魏國滅亡，成為第三個被秦國滅亡的國家。

魏國的滅亡幾乎是水到渠成。魏國曾經是戰國前期最強大的國家，由於後期的魏國人才大量流失，國力日漸虛弱，秦軍沒用太大的力量，也沒經過慘烈的戰鬥，僅憑一汪河水的三月之功，就把魏國滅了，這實在是「水到渠成」了。

魏國的滅亡意味著韓、趙、魏三晉全部滅亡。三晉的滅亡，對秦始皇統一天下來說是一個歷史性大提速，使他滅六國的速度加快很多。這一年是西元前二二五年，離秦始皇西元前二二一年統一六國只有四年時間。

進退之道是一種在不得已的情況下，解決問題的最穩妥的辦法。也許，對於那些有頭腦的人來說，暫時的退是爲了下一次更猛烈的進。

退步有時是爲了獲得更大的進步，就像體育運動中的跳遠一樣，爲了跳出好成績，退幾步是必須的。許多人對後退常常不理解，認爲是一種倒退。事實上，在前進中，雙方對峙勢均力敵的時候，乾耗不是出路。當有一方出現異常而後退時，他的目的很明顯：打破僵局，爭取最大的衝擊力。

4 忍耐就是能耐

一個人要想成大器，必須要善於忍耐，煉就超強的心理承受能力，忍人所不能忍，然後才能爲人所不能爲，做出一番驚天動地的事業來。毫無疑問，秦始皇在趙國的那段經歷使他具備了這樣的意志品質，他將源源不斷地從中受益，他一生的豐功偉績都得益於這種意志品質，無論是親政前的生存博弈，還是親政後的逐鹿天下，他都是在忍耐中沉默，在沉默中爆發，在爆發中毀滅所有的敵人。

異人雖然跑掉了，卻苦了趙姬。因為事發突然，來不及通知趙姬，再說，讓趙姬帶著兒子跟他們一起出逃，目標太大，很可能一個也跑不掉。異人逃跑了，趙姬自然不能留在原處，這個聰明的女人立刻明白了一切，趕緊帶著兒子東躲西藏。她知道只要被抓住，母子倆一定會被處死。此時的趙政（嬴政）才兩歲，可見東躲西藏的日子是很艱難的，與「孤兒寡母」無異。

不久，魏國的信陵君竊符救趙，魏國軍隊和齊、楚兩國軍隊抵達邯鄲，在三國軍隊的威逼和趙國軍民的奮力抵抗下，秦軍撤圍而去，邯鄲之戰結束。

好在趙姬的父親是邯鄲有名的富豪，在趙國很有社會背景，一番打點之後，趙國朝中對趙姬母子的態度發生了變化，決定暫時放他們一馬。一則邯鄲之圍已解，二則趙王認為留著這母子倆，將來一旦秦、趙再起紛爭，可以母子倆為要脅，討價還價，於是，趙姬母子回到娘家，生活暫時安定下來。

就這樣，趙政在外公家一住就是三年。雖然他的物質生活條件很寬裕，但是他並不快樂。因為他與孩子們一起玩時，孩子們並不尊重他，嘲笑他是「秦棄兒」，罵他是「雜種」，不願和他玩。

慢慢地，趙王對趙姬和趙政母子也好了起來，經常派人安慰他們，因為趙王已經得知，異人回到秦國後，被華陽夫人收為了養子，一旦安國君繼承了秦國的王位，異人很可能被立為太子，而趙政作為異人的嫡長子，很可能就是秦國未來的太子，現在對他好一些，說不定將來他會念及舊情，對趙國網開一面。

但是，秦國給趙國帶來了太多的痛苦，趙國軍民很反感秦國，諸公子聽說趙政原來是秦國人，將來還要做秦王，不但不尊重他，反而經常找他的麻煩，合夥想辦法整他。

有時候，他們會假意邀請他一起聚會，把他帶到風月場所，叫一些歌女舞伎飲酒作樂，他走也不是，留也不是，畢竟他還是個只有幾歲的孩子。他們唆使那些女人逗弄和調戲趙政，而他們則在一旁出言譏刺，說他是個木頭。

有時候，他們把他帶到家中，搬出一些金玉古玩，細說這些東西的源流，說得頭頭是道，而問起趙政來，他一竅不通。還有那些名貴犬馬，趙政在這方面的知識顯然比較欠缺。

一來二去後，趙政知道這幫人有意要看他的笑話，決定不再上他們的當，拒絕他們的任何邀請。可是他們一不做二不休，乾脆在路上攔截他，強行作弄和羞辱他，當眾罵他是野種，沒資格自稱是秦國的公子。他儘量躲著他們，但他們卻像群狗追逐獵物，千方百計地戲弄、甚至毆打他。

對於這些遭遇，趙政從未向他的母親提起，因為他的老師早已教他學會了忍耐。老師曾經對他說：龍遊淺水遭蝦戲，虎落平陽遭犬欺，但龍畢竟是龍，虎畢竟是虎，只要牠們的際遇來臨，就會龍騰虎躍，執天下之牛耳，主宰天下的生殺予奪大權。

忍耐決不意味著懦弱，他不向母親提起，決不意味著他不計較這一切，他一刻也沒有忘記他在這裡遭遇的一切。面對趙國公子王孫們的欺負，他的心中燃燒著無名的怒火，每一次欺負都會變成刻骨銘心的仇恨積累起來，他發誓要報復。而這也為他征戰六國統一中國埋下了種子。

嬴政從小生活在受歧視的環境裡，他的父親被歧視，淪爲人質；父親逃回秦國，他和母親生活在敵國裡，又備受刁難、歧視和侮辱。在這樣的環境裡，他學會了堅強，學會了忍耐，小小的年紀他就知道：要想最後登上王位，此時此刻就只有忍耐！只有忍耐才能轉敗爲勝，給自己贏得時間，同時通過貧窮和欺凌的切膚之痛，來喚起自己「翻身」的渴望。

忍者無敵！能忍受一切痛苦和災難而不放棄追求的人，必將能成大事！這就是我們通常所說的「艱難困苦，玉汝於成」。

5 把侮辱作為進取的動力

俗話說，「木秀於林，風必摧之；行高於人，眾必非之」。一棵樹長得比其他樹木高，風首先吹斷的必然是這棵樹；才能、地位比較突出的人，往往是他人爭相攻擊的對象。

在當今這個競爭空前激烈的社會，閒言閒語甚至謠言誹謗無處不在，對於那些獲得卓越成就的人來說，更是難以避免。

王陽明曾經說過：人若實實在在地用功，不論別人如何誹謗和侮辱，依然會處處受益，處處都能培養道理。若不用功，別人的誹謗和侮辱就會有如魔鬼，最終會被它累垮。

嬴政出生那一年九月，秦兵進攻邯鄲，次年九月將邯鄲包圍起來。秦昭王五十年，秦將指揮重兵發起強攻，邯鄲危在旦夕。情急之下，趙國準備殺死異人。異人得到消息，與呂不韋商討對策。

在這緊要關頭，呂不韋向防守官吏行賄六百金，助異人逃出邯鄲城，投奔秦軍，最後返回秦國。趙國又打算殺死趙姬母子，由於趙姬是邯鄲富豪之女，母子在娘家的掩藏下，躲過殺身大難，存活了下來。

異人拋妻棄子逃離邯鄲，一去就是六年，杳無消息。在這期間，嬴政從一個牙牙學語的兩歲嬰兒慢慢成長為初懂人事的八歲少年。

趙姬對嬴政的來歷，一直守口如瓶。但世上沒有不透風的牆，嬴政的身世還是被周圍的人知道了。大人們都還沒什麼，最多也就是背地裡說長道短，可小孩子心直口快，他們給嬴政起了個外號，叫「秦棄兒」。每當嬴政想加入他們的遊戲時，他們就說：「不跟棄兒玩！」還編了順口溜來取笑他，說：「棄兒，棄兒，有娘無爹，棄之河東！」

嬴政每次聽了都義憤填膺，為了這個經常和他們打架，可他孤身一人不是一群孩子的對手，所以每次都被打得鼻青臉腫。

有一天，衣衫襤褸的嬴政獨自走在喧鬧的大街上，他又黑又瘦，已經一天沒有吃東西了。他只想找個活幹，混口飯吃。可現實是那麼的殘酷，別人看見他又瘦又小的身材，都揮手說：「小小年紀，沒有，沒有，快走，快走！」跑了一天，他連買一個餅的錢也沒有賺到。

這時，忽然有人在背後猛地推了他一把，他趔趄了一下，險些摔倒。轉身一看，一個肥頭大耳的小孩，正看著他壞笑。這個小孩子是趙樂，家境富裕，經常和其他孩子一起欺負他。

「棄兒，又餓了？你要是給我跪下，我就給你餅吃，如何？看，多香的餅啊！難道你不想吃嗎？」趙樂拿著餅在嬴政面前晃著。這種恥辱對於一般人來說，是無法忍受的，可小小的嬴政卻不止一次忍受著，他幼小心靈中也不止一次地想：將來一定要報仇雪恨。

嬴政對趙樂這副嘴臉厭惡極了，往地上「呸」地吐了一口口水，扭頭就往回跑。這下可惹火了趙樂，他叫道：「臭小子，你還挺硬！」趙樂甩手把餅子扔給路邊的一條狗，說：「沒爹的棄兒，現在就是跪下，我也不給你吃，寧可給狗！你連它都不如！」

一些人喜歡對比自己優秀的人進行詆毀和誹謗；也有一些人喜歡侮辱不如自己的人，以此顯示自己的優越，獲得快感。如果面對別人的侮辱，不知努力用功，而是過於在意，與之糾纏不清的話，就會浪費許多寶貴的精力與時間在上面，最後會因身心被拖累而一無所獲。

第三章

事在人為，膽略成就基業

縱觀秦始皇的一生，他也如同每一個成就大事業者一樣，能以自身的卓越眼光，以賭徒般的冒險精神，抓住生活中稍縱即逝的大好機會，造就傲人的基業。

1 果斷出擊，王者之風

人的一生，經常會遇到許多難以決定的事情，而且這種事情往往是「大事」。這時，我們最需要的就是果斷。但果斷並不是所有人都能做得到的，沒有平時知識、經驗的積累，沒有自己成熟的做人原則，沒有明辨是非的能力，關鍵時試圖果斷無異於癡人說夢。

然而，現實提供給你的機遇可能稍縱即逝，「機不可失，時不再來」，無論是投資股市，還是進行商業談判；無論是面臨就業和繼續學業的抉擇，還是陷入升遷競爭的僵局；無論是沉浸於如癡的熱戀不能自拔，還是家庭受到外力衝擊；再具體點，甚至面對親人病重時是手術還是保守治療……

這種生活中的兩難選擇，司空見慣，俯拾即是。所以，我們必須提高自己的決策水準，注意把握每一次機遇，不斷學習積累，培養遇事果斷的能力。

天有不測風雲，人有旦夕禍福。趙姬和嬴政回到秦國不久，秦國皇宮裡就發生了很大的變故。西元前二五一年，秦昭襄王在他君臨秦國第五十六年時病死，太子嬴柱即位，是為孝文王。但沒過幾天，新登基的孝文王也死了，其子異人就順理成章地成了秦國的國君，即莊襄王。

異人登基後做的第一件事，就是頒佈詔令：以呂不韋為丞相，封文信侯。然而，異人只做了三年的秦王就病故了，這一年是西元前二四六年。嬴政順其自然地繼承大位，這時的秦王嬴政年僅十三歲，而呂不韋則以「仲父」（即叔父）的身分，繼續輔政。

這裡我們有必要介紹一下，在古代，兄弟之間按大小的習慣排位依次為伯、仲、叔、季，伯為第一，仲為第二……呂不韋被封為仲父，和嬴政之父秦孝文王幾乎是同等的地位。對於他，這已經是沒法再上升的職位了。可以說，呂不韋在嬴政繼位到他二十二歲親政的九年裡，是秦國這條大船的第一「舵手」！

事實上，嬴政十三歲登上秦王的寶座時，只是一個名義上的國王，大權都掌握在太后趙姬和仲父呂不韋手裡。在嬴政親自主政前的八年裡，呂不韋作為相國和仲父，和趙姬一起主持秦政。

年齡似乎成了嬴政掌權的唯一問題，至少從表面上看如此。嬴政要等到行了成年禮，也就是冠禮後，才能獨掌大權。而等待行冠禮似乎是個漫長的過程，嬴政一等就是八年。

在這八年裡，嬴政眼睜睜地看著兩大政治集團在他眼皮底下壯大，成為橫亙在自己權力征途上的兩座冰山；在這八年裡，嬴政還要面對自己兄弟的反目。王位前的凶險，隨著嬴政年齡的增長而一天天變本加厲。

短短數年時間，呂不韋這個精明的濮陽商人一躍成為秦國的第二號人物。當時嬴政年幼，加之對呂不韋信任有加，因此，呂不韋可以隨便出入宮廷，與皇帝和太后討論國家大事。名義上是商議，實際上卻是一切由呂不韋說了算。從此，呂不韋青雲直上，要風得風，要雨得雨。

嬴政的母親趙太后原本是妓女出身，三十多歲便成了寡婦，她哪能習慣長期寂寞的生活。這時，呂不韋一直在她身邊，再加上他們舊情難忘，長期以來，兩人難免做出些醜事來。為了不讓別人知道他們的醜事，呂不韋把太后身邊的宮女全部換成了心腹。

秦王這時只是個少不更事的年輕人，男女之事他一點不懂，對太后和呂不韋的所作所為，也就沒有放在心上。時間一天天過去，呂不韋漸漸老了，他心裡比誰都明白，作為人臣的他，與太后私通，其後果是非常危險的，而且秦王慢慢長大成人，紙包不住火，一旦事發，他嘔心瀝血建立起來的事業就將前功盡棄。

呂不韋深感自己身體吃不消，可太后卻還是精力旺盛，時常召他入宮鬼混，這讓他不免有些不安。他暗自發誓：一定要想辦法擺脫太后的糾纏。他想了半天，終於想到了一個兩全其美的辦法，他決定給趙太后尋一個面首。

在那個時代，有錢有勢的人都喜歡養一些閒人。三教九流，什麼樣的人都有。當時，有一些不三不四的人經常到呂不韋的門下混飯吃，這些人中有個浪子叫嫪毐，身強力壯，又風流成性。

呂不韋把嫪毐當禮物送給趙太后，趙太后如獲至寶。接下來，呂不韋用重金收買了主持宮刑的官吏，將嫪毐裝扮成受過宮刑的樣子，拔掉鬚眉，充當宦官，陪伴在太后左右。

過了不久，趙太后居然懷孕了，這可是驚天動地的大醜聞，要是傳出去會惹來殺身之禍，說不定還會誅九族，就連太后也嚇壞了。可嫪毐一點也不怕，他的野心在極度膨脹，於是與太后暗中商定，待秦王嬴政一死，便令自己的兒子繼承王位，以享天年。

太后為了掩蓋自己懷孕的事，就借異人的母親夏太后去世的事情，叫人四處散佈謠言，說自己住的宮闈不吉利，要到宮外居住，才能避開凶險，最後連宮外的人都知道這件事了。因為事關重大，誰也不敢得罪呂不韋和太后，也不敢到皇上那去告密。因此，秦王不知道內情，便同意了太后的請求。

對於嫪毐來說，他憑藉趙太后，由一介庸夫扶搖直上：首先被封為長信侯，得到山陽作為封地，後來又把河西和太原二郡據為己有，變成了秦國的顯赫權貴。有了這樣的實力，嫪毐開始結交官吏，網羅黨羽。嫪毐封侯享國，儼然一人之下萬人之上，真有點雞犬升天的味道。

在宮外的幾年間，這個荒淫的趙太后又生了兩個男孩。隨著時間推移，嫪毐的政治、經濟實力極度膨脹，權勢的顯赫使他的政治野心進一步擴大，他開始干預起國政來。據《戰國策》記載：嫪氏集團的影響已遍及整個秦境，其實力足以和相國呂不韋並駕齊驅。

日月如梭，光陰似箭，就在這激烈的鬥爭中，嬴政已長大成人。西元前二三八年，他已經二十二歲了，按照秦室傳統要為他舉行加冕典禮。可這時，嫪毐的野心最終超出了與太后約定的極限，他要對嬴政動手了。

舉行加冕典禮時，嬴政走進宗廟，在禮贊官的讚頌下，嬴政頭戴王冕，身懸長劍，虔誠地向祖先行禮致敬。從此時起，秦之命運將繫於其身，嬴政將要親政了，他要按照他的方式來治理國家，安撫百姓，統一天下。

加冕後，按照秦王朝的慣例，嬴政要大宴群臣，這其中當然也少不了長信侯嫪毐。在酒席上，他與中大夫顏泄邊飲酒，邊賭博。嫪毐連輸數局，趁著酒興賴帳。

顏泄也醉了，不知好歹，堅決不同意。

當時的嫪毒，膽子越來越大，說話也放肆起來，一點沒有把朝廷大臣放在眼裡。在與顏泄的爭吵過程中，居然破口大罵，說自己是秦王的繼父，並且還威脅顏泄。顏泄一聽，酒立刻就醒了一半，拔腳就逃，嫪毒緊追不放。這時，正好碰上秦王嬴政過來，顏泄嚇得叩頭請罪。

嬴政是一個遇事冷靜的人，他一句多餘話也沒說，首先令左右把顏泄帶到蘄年宮，細問其中緣故。顏泄索性把嫪毒喝酒時說的話添油加醋地複述了一番，最後還說：「實際上嫪毒不是宦官，他假裝受宮刑，偷侍太后，現有二子，深藏宮中，不日就要篡位。」

事情敗露後，嫪毒十分惶恐。於是找到趙太后說：「事已至此，只有調遣衛士攻打蘄年宮。」

太后問：「守宮衛士會聽我的命令嗎？」

「用太后玉笠充當國王御寶，謊稱『蘄年宮有賊』，秦王下令救駕。」嫪毒答。

太后沒了主意，只好一切依嫪毒而行。嫪毒用太后玉笠急調各宮衛隊和附近縣鄉農民，直到次日上午，才把蘄年宮包圍起來。叛軍由衛士、宮中騎兵、少數民眾和嫪毒的門下食客倉促組成，企圖進攻蘄年宮，殺死尚住在雍城蘄年宮中的嬴政。

這個時候，正是考驗嬴政應對政治危機才能的時刻，嬴政沒有辜負上天賦予他的責任。他認為這正是除掉嫪毒的最佳時機，不趁此時，更待何時。於是他悄悄拿出兵符，遴選精細之人去令昌平君帶兵速來雍城，並命令前來救駕的昌平君和昌文君調集手中兵馬，先發制人，進攻嫪毒，一舉破敵，割掉了秦國政治中的一個毒瘤。

由此可見，人生不能任由命運擺佈，關鍵時刻必須果斷做出決策，處理生活中的每一件事情。

2 行動力是成功的宣言

每個人都有很多夢想，隨著時間的流逝一些夢想會消失，一些卻被堅持下來。時間越久目標越明確，因而越能創出一番事業。然而僅有夢想是遠遠不夠的，最重要的是付出實際行動。

拖延與成功無緣，有了目標和計畫，就應立即行動。聖人曰：「仁者先難而後獲，可謂仁矣。」「先事後得，非崇得與？」意思就是：聰明仁義的人知道唯有先付出艱苦的努力，然後才有所收穫。嬴政用活生生的事實證明了一個道理：這個世界沒有童話。夢想的實現，靠的是堅定不移的行動，靠自己的雙手創造出來的。

清除了政權上的威脅，嬴政便對東方六國展開軍事行動，拉開了角逐天下的序幕。嬴政親政之初，就已經將何時發動統一戰爭，如何籌畫統一戰爭的戰略，怎樣安排統一戰爭的步驟等問題提上議事日程。他與他的主要謀臣對當時的戰略態勢有清醒的認識，決心不失時機地完成統一大業。這場統一戰爭的規模之大、時間之長、對手之強勁、影響之深遠，都是空前的。

嬴政用「遠交近攻」的戰略方針，前後用了十年的時間滅掉了六國，統一了中國。

韓國是第一個被嬴政吞併的東方大國，是一個積貧積弱的國家終於被強鄰吞噬的典型。其實，嬴政先攻韓國，是從敵人最薄弱的環節下手，是統一六國的一個最好的對策。

韓國是三晉之一，自商鞅變法以來，秦國長期奉行遠交近攻、蠶食三晉的政策，逐步攻佔三晉的大片領土。戰國中後期，三晉與秦國之間的戰爭，負多勝少。領土的喪失，軍力的消耗，使三晉國力不斷削弱，先後喪失了與秦國抗衡的能力。因此，秦國向東方擴張，完成統一大業之時，三晉首當其衝，這是毫無疑問的，其中，韓國是三晉之中國勢最弱的，而且地理位置不利，所以成為最先被秦國滅亡的大國。另外，出於對秦國的畏懼和防範，韓國多次參加合縱攻秦，卻收效甚微。西元前二五四年，韓桓惠王朝秦，稱臣納貢。嬴政即位以來韓國已經危如累卵。

在嬴政的巨大壓力下，韓國的末代君王韓王安見無計可施，便想到用韓非做籌碼，出使秦國，希望能借韓非的遊說，緩和一下秦軍的攻勢。當時，韓非雖知道這一去生死難卜，但為了韓國的安全，他最後還是奉命入秦。

韓非入秦，嬴政是竭誠歡迎。在這以前，他讀過韓非所著的書，韓非的思想和他發生了強烈的共鳴，他知道治理天下需要韓非這樣的人才。於是，嬴政召集百官上殿，隆重地接受韓非呈上的國書，晚間更以國宴招待，讓丞相等大臣作陪。

在國宴招待會上，韓非雖不像一般辯者口若懸河，說話卻是條理分明，層次清楚。嬴政和他交談了一點天下大勢和各人的看法，從他那裡得到不少策略上的好構思，但只要韓非一提到韓國問題，嬴政就將話題轉到別的地方去。

在攻打六國的問題上，李斯提出先滅韓的想法，他認為把韓國滅掉了，就可以恫嚇東方諸國，更利於秦國滅掉其他五國。這時，嬴政也不好率然決斷，便讓一直沉默不語的尉繚發表意見。

尉繚認為，秦軍上次入趙，還留下一個後患，那就是韓國。當時，幸虧韓國沒有從後面向秦軍下手，否則秦軍就會全軍覆沒。尉繚提出近期內必須以精銳之師攻擊韓國，務必畢其功於一役，把韓國滅掉，這樣既可以徹底除掉這個累贅，為征伐其他的諸侯國免除後顧之憂，更可以借此恢復和提高秦軍士氣，增加將士們戰勝敵人的信心。在座君臣一致贊同這個方案。

於是，嬴政批准了先滅韓的計畫，但這個計畫卻遭到了韓非的強烈反對。他當場呈上一篇《存韓》的文章，請求嬴政先放過韓國，讓韓國再存最後一線生機。然而，秦王政是未來霸主，不會因為一個人、一封諫書而改變統一六國的計畫。

面對殘酷的現實，韓非心裡明白，嬴政滅韓的意志不可動搖，他找自己談話完全是為了要和自己研究秦國的法治推行。但是，精明的嬴政經過仔細斟酌，基本採納了韓非的意見：先從北翼重點打擊趙國，徹底壓倒趙國，使之自顧不暇，無力援助韓國、魏國，以便於秦國啟動逐一擊滅六國的戰爭行動。

其實，嬴政很看重韓非這個人才。不過，由於李斯等人對韓非的嫉妒，韓非最後被李斯陷害而死。韓非在臨死時高呼：「士可殺不可辱！」然後用茶水將一包鶴頂紅送入口中。因此，秦嬴政親政後的最初幾年，秦國的戰略重點是全面完成發動統一戰爭的戰略準備。這個時期，秦軍的戰略目的可以概括為「破趙」二字，重點打擊對象是趙國、魏國、韓國。

破趙之後，嬴政不失時機地轉移戰略目標。趙國已經削弱，韓國束手就擒。趙國滅亡，諸侯土崩瓦解。戰爭的結局正如韓非所料。

韓非的獻策延長了韓國的壽命，也註定了韓國的徹底覆滅。韓非死後，韓王派使節納地效璽於秦，請為秦臣。在嬴政為正式啟動統一戰爭做最後的戰略準備期間，韓國又維持了一段稱臣於秦又獨立為王的時日，實際上是苟延殘喘。

自西元前二三一年開始，嬴政將戰爭目標鎖定於滅韓。這一年的九月，秦軍大兵壓境，韓國為了延續一線生機，被迫剜肉醫瘡，再次割地求和，獻出了南陽全境。

佔領南陽後，嬴政沒有給韓國留下喘息的機會，第二年就命令內史騰滅亡韓國。這時的韓國已經弱不禁風。秦國大將軍內史騰和將軍蒙毅率領六萬精兵，如狂風般橫掃而來，把韓國國都鄭城圍得水泄不通。

內史騰、蒙毅輪番揮兵、督戰，加上蒙恬趕來助戰，人員增至八萬，攻勢更加猛烈。

秦軍入韓，先取陽翟，後下鄭城，捷報頻頻傳回咸陽，使原來在宮中坐盼佳音的嬴政歡喜地躍躍欲試，便把朝政交付相國昌平君主持，自己和尉繚率領三萬虎賁軍開赴韓國。當時，韓王安六神無主，嘴上答應跟韓辰投奔他國以圖東山再起，暗自卻做了喪權辱國、苟且偷生的打算。韓軍一戰而潰，韓王安被俘。嬴政把新佔領的韓地置為潁川郡。西元前二三〇年，韓國徹底滅亡。

夢想始於行動，每個懷揣著夢想的人，都是一手緊抓著「夢想」，另一手緊握著「行動」，勇往直前，夢想終將實現。

行動的力量是巨大的，它可以把人們一貫認爲的「不可能」變成可能。你常常會聽到這樣一句話：「心動不如行動。」說得一點都沒有錯。行動是成功的必經之路，假如你連行動的前提都沒有，那就更談不上成功了。不管是什麼樣的道路，都要有一個開始，行動就是賦予成功的那個開始。

不要認爲別人都不去做的事情就是不可做的事情。別人連行動的機會都沒有給予某一件事，我們又何以判定它不可爲呢？所以行動是成功的實驗室，是否成功都要去行動過後才能得出結果。這就好比一個科學專利一般，連實驗都沒有通過，那又怎麼能得出該專利是不是實用的、可用的呢？所以，我們與其浸染在幻想的人生裡頭，還不如賦予行動裡面。只有一次次實際的行動，才能證明哪條路才是你要走的，也只有這樣，成功才會屬於你。

3 善抓時機，敢於冒險

縱觀嬴政的一生，他也如同每一個成就大事業者一樣，能以自身的卓越眼光，以賭徒般的冒險精神，抓住生活中稍縱即逝的大好機會，造就傲人的基業。

嬴政的一生善於運用政治和軍事，總是像一隻靈敏的狐狸一樣，嗅出時局中的獨特機會，然後以迅雷不及掩耳之勢，主動出擊，贏得戰機。

秦王政九年，嬴政即將加冠親政，他獲悉嫪毐並非宦官，且與太后私生兩個男孩，正準備伺機立私生子為王。他明白，嫪毐的叛亂是遲早的事，那麼怎樣找到最好的機會，順理成章地去除這顆阻礙他親政的毒瘤呢？嫪毐身居要職，門客耳目眾多，嬴政只要稍示警惕之心，消息必定會馬上傳入他的耳中，沒什麼頭腦的嫪毐肯定會沉不住氣，發兵作亂。果然不出所料，嬴政這一招「欲擒故縱」使得嫪毐一團混亂，匆匆忙忙間起兵作亂，早有所防範的嬴政立刻派出重兵鎮壓，嫪毐叛亂頃刻被平息。試想，嬴政在尚未完全掌握國家大權之時，敢於激發手下重臣作亂，這等膽魄多麼令人驚訝，而他敢於以自己的王位做賭注，在親政之時，便殺一儆百，為集中國家軍政大權鋪好道路，以大風險贏得了最大收益。

嬴政一生曾多次以國家政權做賭注，敢冒天下之最大風險，捕捉住臨政、臨天下的有利機會，使自己牢牢把握住了天下大勢。

在對楚作戰中，李信大敗後，嬴政承認自身所犯錯誤，決定請老將王翦出山，統率六十萬大軍進攻楚國，這相當於把秦國全部的軍力都交給王翦，此軍一出，秦國國內軍備空虛。這對於嬴政而言，可謂是最大的冒險了，如果王翦這個時候突然倒兵相戈，圖謀作亂，嬴政即將成功的統一大業就得拱手讓人。可是，知人善用的嬴政所下的這一賭注，卻換來了豐厚的回報。老謀深算、善於用兵作戰的王翦於楚軍周旋鬥智一段時間後，秦軍獲得主動權，並徹底擊潰楚軍，嬴政終於解決了兼併路上的一大勁敵，離統一越來越近。

每個人成功的機會都是相等的，只不過那些具備膽識、勇於挑戰的人比平常人善於把握機會罷了。有很多人是在別人的不認可，甚至是鄙夷中獲得成功的。要想獲得成功，我們就得打破常規，敢於走別人從未走過的路。雖然看起來危險，但成功往往就躲藏在危險的後面。

4 把握戰機，一戰而勝

戰機，這個詞在古代的解釋主要爲天時、地利、人和及乘敵之隙。在戰爭中，誰搶佔戰機，誰就獲得了戰爭的主動權。戰機主要是由作戰雙方所形成，通常都是稍縱即逝。把握戰機是組織智慧作戰的重要環節，對殲滅敵人、奪取勝利具有十分重要的意義。所以，成功的大門總是會向那些善於抓住機遇和利用機遇爲自己服務的人開放的。偉人之所以是偉人，天才之所以是天才，就是因爲他們能審時度勢，具有觀察戰機的非凡洞察力和把握運用戰機的能力，善於利用戰機來扭轉乾坤。

俗話說得好：「機不可失，時不再來。」機遇面前人人平等，機遇永遠垂青有心、實幹的人，唯有先「搶」、先「爭」的人，才能獲得更多的機遇。

嬴政親自上前線勞軍，鼓舞士氣，秦軍一鼓作氣，擊敗趙軍。見前線失敗，趙王又啟用李牧，讓他領軍救援。不久，趙將李牧率軍繞過秦軍駐地番吾，與秦軍在番吾以西二十里的地方展開激戰，以不足五萬的兵力擊潰了楊端和所率領的十萬秦軍。楊端和不得已，只好率軍退至魏國的鄴城。

趙王聞訊大喜，封李牧為大將軍，以司馬尚為副將，沿太原汾水以北地區、關與、番吾佈防，抵禦秦軍。

對於這次戰敗，嬴政沒有責備前方將士，他認為「勝敗乃兵家常事」。不過，他強烈地意識到只要李牧在一天，秦國要想消滅趙國，幾乎是不可能的；相反，只要李牧一死，攻取趙國就猶如囊中取物。

嬴政一直找李斯商議，說李牧連續兩次以少勝多，而且都是以少勝多，不但成了趙國抗秦的長城，而且使秦軍將士聞風喪膽，嚴重影響了秦軍士氣，一定要想辦法除掉他。

於是，除掉李牧這個光榮而又艱巨的任務就落到了蒙武身上。

蒙武派人前往趙國找到趙王的寵臣郭開，讓他設計讓趙王殺掉李牧。

郭開說：「這件事急不得，只能慢慢來，現在趙國人奉李牧為神明，趙王視他如擎天大柱，短期內動不了他。而且這個人非常清廉，身無餘錢，家無私產，連七十多歲的老母都由經商的長兄奉養，他的妻子早亡，沒有留下兒女，也未再娶。這種人，很難抓住他的把柄，得慢慢找機會！」

郭開繼續說：「要想除掉他，除非給他加上謀反的罪名，但他最近立了戰功，現在說他造反，趙王肯定不相信。不過，俗話說功高震主，時間一長，趙王也會對他存戒心，到那時，再乘機說他圖謀不軌，試圖造反，趙王自然會相信。只是要辦成這件事，至少得花三年時間。」郭開不慌不忙，一副老謀深算的樣子。

嬴政聽說除掉李牧要花三年時間，非常不耐煩，於是命楊端和與王翦兩面發動攻擊，但均被李牧巧妙擊退。

秦軍想找趙軍主力決戰，卻總是難以找到，一個不留神，李牧的部隊卻又突然集中，殲滅秦軍的小股部隊。對於李牧這種飄忽不定、防不勝防的戰術，連擅長敵後突襲的李信也感到頭痛。

李信現在已是王翦麾下的騎兵都尉，率領著三萬輕重騎兵，是秦國新生代將領中的佼佼者。不過，在李牧神出鬼沒的戰術面前，他也一籌莫展。

更可怕的是，李牧將邊境上的民眾都組織起來，每隔一段距離就設置一座烽火臺，事先規定好信號，故秦軍每次入侵的兵種和兵力，李牧都能通過烽火的種類和數目作出準確判斷。只要秦軍一有行動，李牧很快就能掌握其行蹤、行動規模。

在連遭挫折後，嬴政不得不耐住性子，一邊等待郭開設計離間趙王和李牧的關係，一邊集中兵力解決韓國問題。

始皇十六年九月，秦國大軍攻佔韓國的南陽。南陽是個大郡，人口眾多，嬴政將當地男子全部登記入年籍冊，按年齡抽丁至秦軍服役。

始皇十七年，秦軍大舉攻韓，俘虜韓王安，盡取韓國領土，將其納入秦國版圖，置為潁川郡，韓國宣告滅亡。

就在攻滅韓國的那一年，趙國發生嚴重饑荒，民間流傳著「趙哭秦笑」的訛言，嬴政認為滅趙有了天賜良機。第二年，秦軍分兵兩路，大舉攻趙，一路由王翦率領直上井陘，一路由楊端和率領進攻邯鄲。趙將李牧、司馬尚率軍浴血抗戰，秦軍難以取得進展。嬴政讓蒙武派人催促郭開，趕緊動手除掉李牧。

郭開散佈流言，說李牧、司馬尚在前線按兵不動，要與秦軍單獨媾和，舉兵叛趙。非常時期，秦國大軍壓境，李牧手握重兵，這樣的流言使得趙王對李牧產生懷疑，趕緊派趙蔥、顏聚去取代李牧。當此緊急關頭，李牧拒不受命，遭到捕殺，司馬尚也被廢黜。

李牧一死，趙軍失去主心骨，鬥志頓失。秦軍所向披靡，大敗趙軍，趙蔥被殺，顏聚敗逃。

始皇十九年，王翦、羌瘣攻下東陽，楊端和攻破邯鄲，活捉了趙王遷。

「弱者等候機會，而強者創造它們。」時機雖受各種因素的綜合影響，但不管如何，有一點是肯定的，那就是經過個人的努力，時機是可以把握的。

5 膽略，成功人生的保證

無論人生走到哪一種境地，只要你還有勇氣向成功挑戰，你就還沒有失敗。所有失敗，都是你創造財富的寶貴經驗，是人生的資本。勇氣是成功人生的保證，它激勵著一顆渴望成功的心，只要勇氣長存，就一定能取得成功。

嬴政二十歲那年，掌管禮儀的奉常和掌管宗室事務的宗正聯合上奏，說嬴政和公子成蟜即將年滿二十歲，應該準備行冠禮，並說明年的正月初一午時為舉行冠禮的最佳吉日良時。

奏簡呈遞到呂不韋那裡，遭到了他的否決，呂不韋說，《周禮》中所說的男子二十而冠，是按實際年齡來計算的。大臣們紛紛引經據典，據理力爭，但學問大比不上權力大，由於呂不韋一意孤行，此事一直沒有結果。一些宗室大臣轉而直接將這件事上奏給了嬴政，嬴政心知呂不韋有意刁難，但表面上卻微笑著說：「也許大家都錯了，照相國所議去辦好了。」

朝堂上那些耿直而不明利害關係的大臣還在跟呂不韋據理力爭，要求秦王親政。呂不韋將那些人狠狠責備了一番：「各位如此懇切地請求是什麼意思？大王現在不是凡事都親自批答嗎？丞相總領百官，就各位上奏擬定批答建議讓大王選擇，或是另外批覆，這也是我的職責，各位為什麼要懷疑是我獨攬大權呢?!」

雖然呂不韋的話不乏強詞奪理之嫌，卻也並非沒有道理，大家拿不出話來駁他，一個個面面相覷，啞口無言。

呂不韋則趁機為自己打圓場說：「等到大王行冠禮以後，我不會再替他擬奏摺，一切政務都交由大王自己去辦理。」

再爭下去沒有什麼意思，大家退一步想，反正也就是多一年的時間，再等一年也沒有什麼大不了的。

早有人將呂不韋與群臣之間的爭論密告了嬴政。嬴政笑著說：「既然呂相國能者多勞，那就讓他多辛苦點吧，大家不要去煩他了！」

很多人認為嬴政太怯懦，不過，只有他自己清楚，此時的他必須要忍。當然，忍不是忍氣吞聲，而是為了在適當的時候爆發。

秦王政九年，上黨之亂發生，嬴政突然宣佈親政，要御駕親征，並趁機將自己的心腹安排在重要職位上。

呂不韋措手不及，眼睜睜地看著嬴政親政。當然，這只是開始，令他吃驚的事還在後頭。

大臣們也是吃驚不已，但還沒等他們緩過氣來，嬴政就平定了上黨的叛亂。至此，所有的大臣，包括呂不韋都明白了，這個表面謙恭的青年人有著舉重若輕、運化自如的政治能量。

回到咸陽，嬴政發佈了一連串的命令。

首先，他命太史在四月擇定吉日，由奉常為他舉行冠禮。他正式戴冠佩劍，向天下人昭示，從這一天開始，大秦由他說了算。

其次，分解丞相的權力。他認為，丞相總領百官，綜理政務，考核地方官及請侯政績，任免官吏，主持朝議，同時，還負責外交和軍政事務，總攬一切，權力太大，等於把君王完全架空。在這種情形之下，能幹的丞相忠心耿耿，固能便宜行事，但是，一旦碰上心懷不軌的人，就很容易做出謀反篡位的事情來。於是，嬴政決定實施三權分立制度，將承相原來的權力一分為三，丞相管行政，國尉（太尉）管軍政，廷尉管司法。三者互不隸屬，共同對君王負責。

雖然廷尉屬於九卿，不如三公地位顯赫，但在嬴政看來，君王要擁有絕對權力，就必須要加重廷尉的責任和職權。於是，廷尉一職在朝廷中的地位大大提高，凡是要法辦的事，全由君王直接下令交由廷尉法辦，不再經由丞相。廷尉府實際上成了嬴政的私人法庭。

為了進一步削弱丞相的權力，他又在相國以外設左丞相、右丞相，名義上是輔助丞相做好日常工作，實際上是互相牽制和監視。就這樣，呂不韋的權力被大大削弱了。

嬴政親政，是他經略天下的開始。他宣佈親政沒有走正常的程序，邁出這一步是冒了很大風險的。在他力量不足、實力不強的情況下，能夠逐漸擺脫束縛，掌握實權，實在勇氣可嘉。

膽大者未必成大事，但成大事者必須膽大。荀子說：「不登高山，不知天之高也；不臨深溪，不知地之厚也。」做事必須要有膽略，有魄力，否則何以得大功名，建大事業？

成大事的人能夠直面風險，他們知道，幹事業就好比是一種賭博。而所有的人生決策，實際上都是賭博。人生能有幾次拚搏？只有敢於拚搏的人，才會有燦爛的明天。

第四章

善於變通，處變不驚，臨危不亂

在統一六國的過程中，他出色地計畫、組織了這場戰爭，沒有犯任何戰略性、方針性的錯誤，也幾乎沒有犯戰役性的錯誤，而且在打天下和守天下的整個過程中，面對六國的暗殺行動鎮定自如，也沉著應對。

1 沉著冷靜的應變能力

天下的事情有的是可以事先策劃好的，有的卻是要靠臨場發揮的。在遇到危急情況時，有的人驚慌失措，有的人卻能臨危不懼，急中生智。

嬴政幼時在面對生命威脅而能處變不驚，給我們展現的是領導者所必備的一種從容的氣度。

異人拋妻棄子逃離邯鄲那晚，趙姬母子由燕太子丹用車載送到趙姬的叔叔家裡躲藏。當時，趙兵搜捕多日，始終見不到異人和其妻兒的蹤影，後來才得到消息，異人已逃回秦國，而他的妻兒還在趙國。趙王一心要殺異人妻兒洩恨，下令嚴查，邯鄲城裡到處都是抓她們母子的通緝令。

此時，趙叔感覺情況不妙，如果一直這樣下去，難免受到株連，於是連忙將她們母子改換了裝束，讓趙姬到廚房去燒火，暫隨母姓的嬴政則到後園裡和自己的孫輩們在一起廝混。

有一天，趙叔正在院子裡幹活，突然聽見外面整齊中帶著凌亂的腳步聲，大約有十多人之眾。他不動聲色地對院子裡的人細聲說道：「不許說話了，是趙軍的巡邏隊！」

「剛才我聽到屋裡有聲音，要不要搜一搜！」院外有個士兵問。

「這一帶都是空屋，只要風吹草動就搜，哪有這麼大的精力？」

「我們還是搜一搜。」似乎是帶隊軍官在說話。就在此時，這名軍官帶一隊士兵闖進趙叔家來。趙叔不慌不忙地上前接待：「將軍駕臨寒舍，有何貴幹？」

「啊，原來是你！異人的岳叔，正好，我問你，異人妻兒是否在你這裡？」這名軍官氣呼呼地問。

趙叔諂笑地回答：「將軍不知，我雖為異人岳叔，但自從他被納為太子嫡嗣，便趾高氣揚，與在下不甚來往了。聽說他自兩國交戰之後，淪為死囚，現已越獄逃走！質子既然逃離洛域，怎會再到寒舍來——那豈不是自投羅網、坐以待斃?!」

此時，這名軍官非常生氣：「難道我不知道嗎？本將此行就是來捉拿他的妻兒抵罪的。」邊說邊就要往裡闖。趙叔忙過來阻攔，陪著笑臉說：「趙姬母子當在自己府中，怎會在寒舍？將軍既然要搜，小商敢不從命？」

「好，給我四處搜！」這位軍官命令他的手下，便與眾兵士擁進內宅、後院，到處搜索，諸女眷都被看過問過之後，依然一無所獲。那趙姬母子到底藏哪兒了呢？這位軍官一邊往裡搜，一邊心裡嘀咕著，闖入廚房，發現了趙姬的身影，便斥問：「你這婦人是誰？」

此時，趙姬的臉上被柴煙弄得十分骯髒，已經看不清眉目了，這位軍官很難辨認出她是誰。趙姬聽見後面有人問她話，忙回頭答道：「小婦人乃是廚下的傭人，不知軍官有何吩咐？」

「你臉上怎麼弄成這等模樣？」這位軍官疑惑地問。

「你沒看見我在幹什麼嗎？做下人的就是這樣，沒辦法，哪像你們當官的，喝辣的吃香的，老百姓苦啊！」趙姬一急，忙用火叉去撥灶膛。這時，廚房立刻撥起一股濃煙徑直向上衝滾，這位軍官被熏得涕淚橫流，連聲嗆咳不止，忙揮手止住她：「算了，算了，還不與我住手！」隨即轉身向外走。

事情本來可以到此為止了，可人算不如天算，恰好這時，三歲的趙政從外面向廚房跑來，正好與這位軍官撞著。趙姬被這一幕嚇出一身汗，這小孩子要亂說怎麼辦？看來今天死定了。

這位軍官一把捉住趙政，悻悻然問：「你這野崽，亂跑些什麼？你是不是趙姬的兒子？」

「我何嘗亂跑，我乃是來找我娘的，那廚下的婦人就是我娘，與你有什麼關係？」趙政不服地回答。

「來找你娘的？」這位軍官心中竊喜，接著往下問。

趙政指向趙姬笑道：「就是她。」

此時，趙姬有些畏瑟，輕聲對趙政說：「去，自己玩去！」

這位軍官猛地喝住他：「站住，你與我回來，今天必須給我說清你是哪個野種？」

趙政愣愣地走到他身前，一本正經地回答：「我才不是野崽，我乃堂堂正正王室之……」

「堂堂正正的什麼？」軍官得意地問，「王室之什麼？」

趙政不愧是秦王室的後代，對趙兵的威逼毫不在乎。他自知失言，急改口說：「我乃堂堂正正王室之本家。」

這位軍官疑問：「你本什麼家？」

趙政理直氣壯地反駁他：「我姓趙名政，難道不是王室的本家？」面對這種情形，如果是別的孩子，恐怕早已嚇得號啕大哭了，哪還敢正色地以王室本家自稱？趙兵萬萬沒想到，此時他呵斥的對象正是嬴政，以後統一六國的秦始皇。

正在這位軍官將信將疑，心中盤算如何從這個孩子口裡詐出點東西時，趙叔聞聲趕到廚房，見此僵持局面，忙機智地訓斥趙政：「快到廚下找你娘去，休得妨礙將軍大事！」

沒辦法，這位軍官只得讓趙政向母親撲去，回頭問趙叔：「這小孩是？」趙叔很恭敬地說，「乃是小商的本家侄孫趙政，其父早喪，隨母在寒舍廚下為傭。」「其實他們母子很不容易，在我這裡只是混口飯吃。」

望著趙姬骯髒而可怖的面孔，這位軍官動了憐憫之心，轉身欲行，又正色地囑咐趙叔：「今日未曾得手，倘日後他們母子投奔於你，必須速來稟報，如敢隱藏，與逃犯同罪！」

趙叔連聲答應著：「你們辛苦了！他母子若來投靠，自當捉交官府，不勞將軍再來。」

最後，趙兵一無所獲地離開了，他們誰也沒想到，他們錯過了一個抓住趙姬母子的好機會。

一般情況下，遇到突發事件，人們都會產生驚慌情緒，可是我們應該想辦法控制這種情緒，把自己培養成像嬴政一樣穩如泰山、臨危不亂的人，決不能一有風吹草動，就馬上舉止失措。

西元一四四九年，經過土木堡一戰，五十萬明朝大軍幾乎全軍覆沒，明英宗也讓瓦剌兵給抓住了。這個消息傳到北京之後，舉國震驚。

這時候，整個大明朝廷亂作一團。太后聽說兒子被瓦剌兵抓走，趕緊從國庫中拿出大量金銀珍寶、綾羅綢緞，讓人去送給瓦剌人，想把她的兒子換回來。結果可想而知，人家都快打到北京城了，怎麼會輕易把人送回來？

北京城中，到處都是從土木堡逃出來的傷兵，整天看著這些缺胳膊少腿兒的士兵，老百姓能不害怕嗎？再說，皇上都讓人抓去了，北京城的守備軍隊也不多，眼看著瓦剌兵就要打進來了，這時候急需有人出來穩定局面。知道瓦剌兵不可能答應講和，皇太后也冷靜了下來，為了安定人心，她讓郕王朱祁鈺先代理皇帝的職權，然後召集滿朝文武商量對策。

大臣們來了以後，七嘴八舌地說什麼的都有。大臣徐有貞說：「現在瓦剌兵已經到城外了，他們的戰鬥力比我們強，人也比我們多，我們實在抵擋不住。我昨天夜觀天象，發現京城要遭難，所以我們不如先放棄京城，暫時到南方避一下，然後再做打算。」

聽完徐有貞的話，兵部侍郎于謙馬上站出來反駁：「現在正是國家危難之際，誰主張逃跑，應該馬上拉出去砍頭。京城乃是國家根本，怎麼能說放棄就放棄，大家難道忘了南宋的教訓嗎？」

于謙的主張得到了許多正直大臣的支持。於是，皇太后決定讓于謙負責整個北京城的防務。

現在，皇帝被擄，京城告急，于謙顯出了他的大義，毅然擔負起守衛京城的重任。他沉著應對，先把城內的所有士兵都調動起來，加強京城和附近關口的防禦兵力；然後又整頓內部，清除一批內奸。

後來，明朝政府看到瓦剌首領沒有殺害明英宗，但也沒有釋放明英宗的意思，而是要把他當作威脅明朝的人質。於是，為了斷絕他們的險惡用心，于謙等大臣請求太后正式宣佈讓朱祁鈺做皇帝，然後再謊稱被俘的明英宗為太上皇。就這樣，西元一四五〇年，朱祁鈺登基做了皇帝，這就是明代宗。

瓦剌首領也先看見明朝又冊立了新君，知道明朝是想跟他對抗到底，於是，就以送明英宗回北京為藉口，帶著大軍向北京殺來。

西元一四五〇年十月，瓦剌軍打到了北京城下，在西直門外扎下營寨。這時候，于謙沒有驚慌，馬上召集在北京的將領們，商量如何抵禦外敵。大將石亨就說：「現在我們的兵力比較弱，所以我認為我們應該把部隊全部撤到城裡來，然後把城門緊閉。如果這樣，時間長了，瓦剌後勤補供不上，也許會自動退兵。」于謙馬上說：「這不行，敵人都已經打到家門口了，如果我們撤軍的話，那不是向他們示弱嗎？這樣只會讓他們更加囂張，所以我們應該主動出擊。」然後，于謙就分派將領帶兵出城，在城門外擺開陣勢。

一切都準備好後，于謙又親自帶領一支人馬駐守在德勝門外，讓城裡的守將把城門全部關閉起來，表示他破釜沉舟的決心。將士們見主將如此勇敢，都備受鼓舞，恨不得馬上就和瓦剌兵真刀真槍地幹一場。這時候，從全國各地趕來的援軍也已經到了北京城外，城外的明軍增加到了二十二萬人。

也先雖然也發動過幾次進攻，但都遭到了明軍奮勇阻擊。城外的百姓為了保衛自己的家園，也都站在房頂上，拿著磚頭瓦塊參加了戰鬥。就這樣經過了五天的激戰，瓦剌軍死傷慘重，也先又怕退路被明軍截斷，只得帶著明英宗和殘兵敗將撤退。北京城保衛戰取得了輝煌的勝利。

也先失敗後，知道扣住明英宗也沒有用處，就把明英宗放回了北京。

臨機應變，固然不可先前一一傳授，但唯有不慌亂、不急躁，才能靈機一動，想出妙計。

生活中，很多人就因爲遇事不能隨機應變而造成一連串的錯誤和失敗，也有些人因缺乏成熟的「心智」，不能充分發揮其所長，審時度勢，以變取勝。現代社會險象叢生，瞬息萬變，沒有什麼東西是永恆不變的，只有掌握不斷變化的外界環境，不斷採取正確的對策，變在人先，才能在社會上有很好的立足之地。

人生之計，變則通，通則久，關鍵在你是否掌握了「變通」的真正意義。你是社會的一分子，你所面對的是隨時都在變化的社會環境，假如你用一成不變的習慣來迎接變化無窮的社會，必然會遭到淘汰。把變通作爲自己的習慣，以變應變，這是面對競爭社會的最佳態度。

一個有「心機」之人，在面對困難時，能夠隨機應變。因爲客觀的情況在不斷地變化，我們必須隨著客觀情況的變化而不斷變化。正如諸葛亮所說：「因天之時，因地之勢，依人之利而所向無敵。」對於一個善於變通的有「心機」之人來說，這個世界上不存在任何的困難。只是暫時沒有找到合適的辦法而已，因此，一個善於隨機應變的有「心機」之人只有一個歸宿，那就是成功。

蕭伯納說：「聰明的人使自己適應世界，而不明智的人只會堅持要世界適應自己。」而我們今天要說：「變通是天地間最大的智慧，是智慧中的智慧。變通是一種方法，是一種策略，更是一種藝術。」

2 臨危不亂的心理素質

蘇洵《心術》:「爲將之道，當先治心。泰山崩於前而色不變，麋鹿興於左而目不瞬。然後可以制利害，可以待敵。」此處蘇洵對將領的要求是要有良好的心理素質，處變不驚，臨危不亂，不爲眼前利益所動。

要想成就大事，在很多時候都需要付出一定的代價，結下不少仇敵。敵人無時無刻都想要戰勝你，在競爭中取得勝利。如果萬一失敗，他們難免會走向極端，給你製造麻煩，讓你陷入險境，使他們的陰謀得逞。但凡有智慧的人，面對這些考驗，都應該臨危不亂，急中生智，巧避禍端。

統一六國的秦始皇，更容易招致六國子民的怨恨，但聰慧如他，當然是把任何險境都當作歷練，臨危不懼，充分發揮自己的智謀戰勝敵人。

嬴政親政之時，手握勝算，然而他的對手皆非等閒之輩，嬴政一招不慎就可能全盤皆輸。歷代開國君主大多是傑出的軍事戰略家，嬴政更是略勝一籌。他面對的是一批經營了自己國家幾百年的對手，他們的政治、軍事、外交組織能力都高於秦國。

面對這一切困難，嬴政臨危不懼，充分運用智慧和資源把勝勢變成勝利。在統一六國的過程中，他出色地計畫、組織了這場戰爭，沒有犯任何戰略性、方針性的錯誤，也幾乎沒有犯戰役性的錯誤，而且在打天下和守天下的過程中，面對六國的暗殺行動鎮定自如。

在六國中，最著名的刺客就是荊軻。孔子說過：「人無遠慮，必有近憂。」一個明智的人不會想不到嬴政想要統治全世界，雖然他的祖先們早已經開始了緩慢的征服。面對嬴政一步步的吞併行動，對那些等待宰割的國家而言，必須採取一些避免坐以待斃的手段，於是就發生了荊軻刺秦王事件。

當時，荊軻為獲得嬴政信任，使因獲罪而逃亡燕國的樊於期自刎，並取其首級，又得燕督亢一帶的地圖，內藏淬毒匕首以刺秦王。出發時，荊軻在易水旁留下「風蕭蕭兮易水寒，壯士一去兮不復還」的千古絕唱。至秦國後，荊軻假稱要為秦王解釋地圖而靠近嬴政，直至圖窮匕見，最終被斬。

還有多次暗殺行動，是發生在統一六國之後。在秦始皇後期，嬴政能微服出宮的機會越來越少，然而就是這樣，刺客仍然接二連三地出現，其中一個叫高漸離。

西元前二二一年，嬴政吞併六國，一統天下。此時距荊軻刺秦失敗已經六年。

六年來，嬴政始終難以忘懷這件事，於是開始大規模地搜捕燕太子丹的門客和荊軻的朋友，這些人紛紛逃亡。

高漸離就是荊軻最好的朋友，他四處躲避秦國的追捕，過著流亡的生活，生不如死。但是，高漸離心想：我不能白死，一定要幹一番轟轟烈烈的事業，這樣才能死而無憾。

有一天，高漸離在大街上散步，突然，他腦子裡冒出一個極其大膽的計畫：行刺秦始皇！如果獲得成功，他就能為荊軻報仇，如果失敗，死則死已，他也不後悔。於是，他開始隱姓埋名，躲藏在宋子縣一個富人的家裡當幫傭。主人家堂上常常有客人擊築，高漸離彷徨不能離去，每每評論說哪兒好哪兒不好。主人聽說之後，召高漸離上堂擊築，滿座稱善。

後來，高漸離成為上流社會爭相延請的座上賓。每當他彈奏起那曲《風蕭蕭兮易水寒》，就有人知道他就是當年的高漸離，因為天下人誰都知道，能把這首曲子發揮得如此淋漓盡致的只有高漸離。很快，高漸離的名聲就傳到了嬴政耳朵裡，嬴政也是一個音樂愛好者，他明知道高漸離是荊軻的好朋友，還是把他召到了身邊。

為了隨時能聽到高漸離的築聲，嬴政弄瞎了高漸離的眼睛，讓他隨侍身邊，放心地讓他擊築。高漸離在築的中空灌鉛，這樣使築既是樂器又成為武器，在嬴政聽擊筑著迷不留意時，可以奮起用灌鉛的筑擊打他。

高漸離最後一次擊筑時，嬴政覺察出樂曲中有些不對勁了，往常歡快的調子突然變得悲憤了。此時，嬴政已經感覺到了殺氣，於是他高度警惕，做好了應戰的準備。

果不其然，高漸離的手部動作突然變得異常，嬴政本能地往旁邊一閃，飛刀擦著他的左臂而過，射中了他身後不遠的一名衛士。最終，高漸離刺殺沒有成功。

正常情況下，人們在沒有巨大外部壓力時，通常能夠做出正確的決斷。但是，生活永遠不會一帆風順，中間會經常出現各種各樣的情況乃至危局。在突然而至的變故面前，有很多人會失去方寸，六神無主，進而做出錯誤的決斷。所以，在危機面前，是臨危不亂、處變不驚，還是心神大亂、衝動行事，這是判斷一個人是不是一流人物的重要標準。

尋常人面對棘手的問題時很容易方寸大亂，而秦始皇之類的一流人物則具備臨危不亂、從容不迫、泰然處之的本領，常常能在艱難困頓的局面下化險爲夷。這種「泰山崩於前而不變色」的剛毅氣質使他們能夠運籌帷幄，決勝於千里之外。

三國時期，蜀國丞相諸葛亮因錯用馬謖而失掉戰略要地街亭，魏將司馬懿乘勢引大軍十五萬向諸葛亮所在的西城蜂擁而來。當時，諸葛亮身邊沒有大將，只有一班文官，所帶領的五千名軍隊，也有一半運糧草去了，只剩兩千五百名士兵在城裡。眾人聽到司馬懿帶兵前來的消息都大驚失色。諸葛亮登城樓觀望後，對眾人說：「大家不要驚慌，我略用計策，便可教司馬懿退兵。」

諸葛亮傳令，把所有的旌旗都藏起來，士兵原地不動，如果有私自外出以及大聲喧嘩者，立即斬首。又叫士兵把四個城門打開，每個城門之上派二十名士兵扮成百姓模樣，灑水掃街。諸葛亮自己披上鶴氅，戴上高高的綸巾，領著兩個小書僮，帶上一把琴，到城上望敵樓前憑欄坐下，燃起香，然後慢慢彈起琴來。

司馬懿的先頭部隊到達城下，見了這種氣勢，都不敢輕易入城，便急忙返回報告司馬懿。司馬懿聽後，笑著說：「這怎麼可能呢？」於是令三軍停下，自己飛馬前去觀看。

離城不遠，他果然看見諸葛亮端坐在城樓上，笑容可掬，正在焚香彈琴。左面一個書童，手捧寶劍；右面也有一個書童，手裡拿著拂塵。城門裡外，二十多個百姓模樣的人在低頭灑掃，旁若無人。

司馬懿看後，疑惑不已，便來到中軍，令後軍充作前軍，前軍作後軍撤退。他的二子司馬昭說：「莫非是諸葛亮家中無兵，所以故意弄出這個樣子來？父親您為什麼要退兵呢？」

司馬懿說：「諸葛亮一生謹慎，不曾冒險。現在城門大開，裡面必有埋伏，我軍如果進去，正好中了他們的計，還是快快撤退吧！」於是各路兵馬都退了回去。

諸葛亮的士兵問道：「司馬懿乃魏之名將，今統十五萬精兵到此，見了丞相，便速退去，何也？」

諸葛亮說：「兵法云，知彼知己，方可百戰不殆，如果是司馬昭和曹操的話，我是絕對不敢施此計的。」

這就是歷史上著名的「空城計」，敢於如此去做的也只有臨危不亂、處變不驚的諸葛亮之類的傑出人物。後人更是據此編了一條歇後語：諸葛亮彈琴退仲達——臨危不亂。

我們說那些傑出人物，都是在面對困難時臨危不亂，並能夠保持正確思考的操縱者。因此，即使在形勢岌岌可危時，只要有臨危不亂、力挽狂瀾的信心與勇氣，只要能夠不受外界干擾正確思考，抱定必勝的信念，就能激發出自身內在的潛力來攻克難關，進而使看似不可收拾的事態變得盡在自己掌控之中。

但凡那些能夠面對困境臨危不亂，並做出正確決斷的人，大都是肯將人生中那些看似錯誤或痛苦的經驗視為最寶貴財富的一流人物。他們堅信：成大事源於正確的決策，正確的決策源於正確的判斷，正確的判斷源於平時的處世經驗，而經驗來自日常實踐。成大事者之所以會有不菲的成就，就在於他們的智慧與膽識使他們能夠排除錯誤之見。正確的判斷是需要經常訓練的素養。沒有正確的判斷，就會面臨很多的失敗和無數的危急關頭。在決定成敗的危急關頭，保持冷靜是非常重要的。

3 靜能制動，不變才能應萬變

道樹禪師俗姓聞，五十歲那年才出家，受法於北宗創始人神秀大師，住在壽州三峰山。

當初他相中了一塊寶地，就四處募錢修建禪院。不巧的是，在禪院的對面，還有一座道士的清風觀。道士不想讓佛寺來分享這塊風水寶地，於是每天變一些妖魔鬼怪的異象來嚇唬禪院裡的僧眾，想要把他們趕走。寺廟裡今天狂風暴雨，明天風馳電掣，確實將不少年輕的沙彌嚇走了。可是，道樹禪師卻在這裡一住就是十多年，對道士們的把戲不聞不問，每天照常燒香、念經、講禪。

最後，道士們的法術都變完了，可是道樹禪師還是「死賴」著不肯搬家。道士們無法可想，只得將道觀放棄，另覓風水寶地。

人們問道樹禪師：「道士們法術高強，您是怎樣勝過他們的？」

道樹禪師回答：「我其實也沒有什麼能勝他們的，如果說一定要有，那就只有一個『無』字能勝他們。」

「『無』是什麼東西？居然能勝過他們呢？」

道樹禪師微笑著回答說：「他們有法術，有，意味著有限、有盡、有量、有邊；而我沒有法術，無，意味著無限、無盡、無量、無邊。我以無對有，是以不變應萬變，當然到最後他們會敗下陣來。」

《孫子兵法》上說：「先爲不可勝，而待敵之可勝。不可勝者，守也。可勝者，攻也。守則不足，攻則有餘。善守者藏於九地之下，善攻者動於九天之上，故能自保而全勝也。」

以靜制動，以不變應萬變，在古代就被軍事家運用在紛繁複雜、瞬息萬變情勢下。靜與動雖然是事物運動的一對矛盾體，卻可以使自己牢牢抓住控制權，支配局勢的發展變化，既能靜觀其變，又不失時機地主動出擊。

明眼人都能看出嫪毒是憑藉與趙姬的特殊關係才受封長信侯的。少年嬴政當然知道嫪毒和母親之間不可告人的秘密，對於這個給他父親戴綠帽子的人，嬴政恨之入骨，只因太后與呂不韋結成政治同盟，而嫪毒又是呂不韋所薦，打擊嫪毒就是向呂不韋宣戰。嬴政自知羽翼未豐，還得倚重呂不韋，所以不敢輕舉妄動，繼續經營與太后、呂不韋之間貌合神離的合作關係，需要隱忍之心，更需要裝聾作啞地作秀。不聾不啞不當家，有些事情只要不點破，大家的合作夥伴關係就能繼續下去。

不在沉默中爆發，就在沉默中滅亡。其實嬴政對呂不韋、嫪毒的行為裝聾作啞，持默許的態度，就是一種智慧的反抗。等到他們惡貫滿盈的時候，便可以名正言順、順應民心地將其剷除。這種行為，往高了說，是韜光養晦，伺機而動；往低了說，就是苟延殘喘，忍氣吞聲；公平地說，就是識時務者為俊傑，人在屋簷下不得不低頭。

嬴政年少繼位，沒有得到秦國法律規定親政的權力。國相呂不韋和太后趙姬把持朝政，嫪毒與趙姬私通穢亂後宮，嬴政雖然聽在耳中，看在眼裡，卻不能點破這層關係。處於弱勢的時候，首先要保住的是自己的權位，而不是做無謂的犧牲。歷史永遠是由勝利者書寫的，再勇敢的帝王，如果敗在政治傾軋中，也不會被追認為烈士。

嬴政聰明地選擇了迴避，非禮勿視，非禮勿言，非禮勿聽。嬴政的裝聾作啞，也自然而然地化解了身處王位被下屬欺辱的尷尬。他的一系列的舉動，可以這樣理解：呂不韋和嫪毒進行的一系列逾越行為，就是向嬴政扔過來的一隻皮球，不管嬴政接不接得住，只要想接就會有對抗產生，就必定會有輸贏高下。睿智的統御者，會佔據主動，而不會被下屬所左右。

當呂不韋和嫪毐把皮球扔過來的時候，嬴政裝作根本不知道這回事，如此就將競爭和對抗化於無形了。面對殘酷的政治鬥爭，只有學會打太極的統御者，才會在複雜的關係中遊刃有餘。在外人看來，呂不韋和嫪毐的種種行爲，都是自娛自樂、自取滅亡的行爲。

這就叫以不變應萬變，無招勝有招。嬴政的妥協和退讓讓呂不韋、嫪毐慢慢放鬆了警惕。一旦嬴政成爲置身事外的人，嫪毐和呂不韋的矛盾就上升爲主要矛盾，兩人的內鬥在所難免，嬴政只要靜觀其變，等待時機就可將兩人一舉剷除。

在人們的意識裡，「動」有力爭的意思，如同「靜」就是不爭。其實不然，「靜」與「動」雖然是相反的，但以靜制動才符合事物運動的辯證法。「動」是主動攻擊，「靜」是泰山崩於前而色不變；「動」是一種變化的有形狀態，導致「形」變而力發，「靜」則保持一種無形狀態下的不變而力聚。在中國戰略家們看來，戰略計畫實施之前，將力量處在一種「靜」的狀態，可以做到我不動而敵動，我後動而敵先動，從而達到我無形而敵有形的狀態，更有利於分析當時的情況，計畫下一步的行動。

漢景帝三年，吳、楚等地諸侯王反叛朝廷。焦急萬分之際，漢景帝劉啟腦中閃過父親文帝臨終前的囑咐：「我死後，如果國家有什麼緊急事故發生，你可派周亞夫統率漢兵，平定亂事。」

朝廷正是用兵之時，漢景帝忙把漢初名將周勃的兒子周亞夫從中尉晉升為太尉，掌握全國大軍。周亞夫臨行前，漢景帝再三重托：「如今七國叛亂，情況緊急，國家安危全望將軍獨挽狂瀾！」

周亞夫臨危受命，統領三十六位將軍率浩浩蕩蕩的漢兵，向東進攻吳、楚等七國。周亞夫風塵僕僕到達淮陽，察明形勢後，親自向漢景帝呈上一份緊急奏章：「吳、楚的軍隊輕裝簡從，行動極其神速，無法跟他們正面交戰。希望陛下行欲擒故縱之計，暫時放棄保衛梁地，讓叛軍佔領，然後斷絕吳、楚的糧道，才能制服這股叛臣賊子。」漢景帝答應了這個要求。

周亞夫率兵雲集滎陽，吳國叛軍正猛攻梁國。梁國吃緊，屢屢向周亞夫求援。周亞夫置之不理，親率軍隊向東北駐紮於昌邑城，挖深城池，堅守不出。

梁國諸侯梁孝王急了，天天派人向周亞夫請求。每次，周亞夫耐心地聽完，便「嘿嘿」笑笑，卻仍按兵不動。

梁孝王惱了，直接上書漢景帝。他派人將一紙告急文書星夜送到京城，漢景帝攤開仔細展讀：「陛下，梁國危在旦夕，周太尉拒不救援！」

漢景帝也有點著急：「周愛卿太過分了，怎能見死不救呢？得馬上派遣使者令太尉發兵救梁。」京城使者到達滎陽軍營，宣讀漢景帝詔書才畢，周亞夫凜然一聲發話：「將在外，君命有所不受。若不能剷除叛賊，周某一人承擔罪責！」他仍固守壁壘，不出兵救梁，那宣讀詔書的使者只好乾瞪眼。

幾乎在同時，周亞夫派遣精幹的輕騎兵，長驅直入，悄悄斷絕了吳、楚軍隊後面的糧道。吳國軍中缺糧，饑餓陰影籠罩，只好強忍著屢屢向漢軍挑戰，漢軍卻仍紋絲不動。

一天晚上，漢朝軍隊內為出兵不出兵的事吵鬧不停，直至嚷嚷到周亞夫帳下。但是，帳內鼾聲正濃，周亞夫並沒有起床。

周亞夫曠日持久的不應戰，把吳國軍隊拖累了，他們急著要尋找突破口。吳王劉濞調兵遣將，圍住了昌邑城。一天，叛軍如蟻襲擊城的東南角。聽完軍情彙報，周亞夫依舊「嘿嘿」一笑：「劉濞，你瞞得了我？你在聲東擊西，你佯攻東南，實欲攻西北！」

周亞夫調動漢營士兵悄悄加強西北角的防備。不過一袋煙工夫，吳國精銳部隊果真猛攻西北角。周亞夫手下兵將剎那間湧現在城頭，矢石如雨而下，吳軍哪裡攻得進去？劉濞氣得吹鬍子瞪眼，手下將士饑餓難當，士氣一落千丈，大敗而走。

周亞夫長劍一揮，早就準備好的一支精銳勁旅呼嘯而出，追擊吳兵。吳王劉濞見勢不妙，馬上拋棄大隊人馬，只率數千壯士倉皇逃竄。他們直逃到丹徒縣，建築工事，龜縮自保。一個多月後，吳王被越國人斬下了腦袋，吳國叛逆徹底煙消雲散。

歷經三個月大小戰事，吳、楚等七國叛亂終於平定。漢景帝對周亞夫刮目相看，朝廷文武百官更嘖嘖稱讚：「周太尉當初的棄梁不戰真是為了保漢平叛大戰，確是神機妙算啊！」

周亞夫在不到三個月的時間內，未經大的強攻苦戰，以較小的代價平定了聲勢浩大的吳楚七國之亂，其奧妙何在？這主要歸功於他在敵強我弱的情況下採取以靜制動，暗中聚集力量，並尋找破敵的可乘之機，才大獲全勝。周亞夫平叛是典型的以靜制動、以不變應萬變的戰例。他繞開梁都睢陽的伏兵，置其安危於不顧，即使叛軍兵臨城下也不開戰，這無疑使他避開了強敵的鋒芒。

在面對勁敵時，不一定非用進攻之法，可以不動聲色，不暴露自己的意圖和戰鬥力，使敵人的攻勢一時難以發揮，漸漸衰弱，一旦掌握主動權，伺機而動，以不變應萬變，以靜制動，以這種無形戰鬥力制服敵人的囂張氣焰，使自己變被動爲主動。

在這個變幻莫測的時代，「以不變應萬變」不僅是一種策略，更是一種常人難及的境界。這要求人們在面對事情時，要抱以平和的心態，不要心浮氣躁、目光短淺，而是夯實基礎、苦練內功，靜觀其變，研究對策，控制局勢的發展。

4 裁彎取直，成功不是單行道

我們應該清醒地認識到，通往成功的路往往不是一以貫之的「單行道」，而是岔路疊生、錯綜複雜的「迷宮」。只有充分發揮自己的能動性，不斷地探索「裁彎取直」，才能以最短途的走法走向終點。

一次，孔子與他的弟子們雲遊到了鄭國，恰巧碰到當地一個反對儒學的權貴。這個人嚴厲命令他們立刻離開鄭地，而且要保證以後再也不傳播儒家思想，不然的話就以殺頭處置，弟子們都很為難，不知道該如何是好。這時，孔子立即一本正經地當場做出了保證，然後立即帶著眾弟子上路。不過，他們一離開鄭國，孔子就一如既往地著手於講學事宜。弟子很不解地問老師：「您不是總是告訴我們為人要誠實守信嗎？既然已經保證了不再講學，為什麼卻並不遵守諾言呢？」孔子啞然笑了：「誠實守信也是需要對人對事的，既然儒學思想是沒錯的，那麼鄭人的要求就是無理的，當時對他做出保證只是一種權宜之計，難不成還真的因此而被殺嗎？對無理之人就應該用無理的辦法，對他的約定也就不必認真對待了。」

在這件事中，孔子的智慧就在善於變通。試想，如果他固執地堅持己見，說不定就會丟掉一群人的性命。因此，做人做事要學會變通，只有變通才是走向成功的階梯。一粒種子種在地裡之後不能輕易地移動，否則就很難成活。但是人和植物不同，人是有思想、有頭腦的，遇到問題可以靈活地處理，同樣的問題可以有多種不同的解決方法，用這個方法不行就換另一種，總有一種可以派得上用場。

秦國消滅了東方六國後，雄才大略的嬴政把統一的目光放到了南邊的百越之地，發動了對百越的戰爭。百越又稱百粵，得名於南方的諸侯，是對名稱各異的越人的總稱。百越之地就是一般意義上的嶺南，也就是現在的廣東和廣西，後來範圍擴大到今天的福建、臺灣、海南島、越南等地。百越很早就與中原有著密切交往、聯繫。

始皇二十八年，嬴政集結五十萬大軍，令屠睢南下攻擊百越。屠睢率領的五十萬大軍共分為五路向南進攻：第一路是塞禪城之嶺；第二路是守九嶷之塞；第三路是處番禺之都；第四路是守南野之界；第五路是結餘幹之水。這五路兵馬的具體路線是一路由江西向東，進攻東甌和閩粵；一路由今江西南昌經大庾嶺攻入廣東北部；一路從今湖南長沙經騎田嶺直搗番禺；一路由萌渚嶺攻入今廣西賀縣；一路經越城嶺攻入今廣西桂林地區。

由於嶺南百越基本上為蠻荒之地，交通不便，原始森林密佈，自然環境惡劣，所以人口較少，能夠參戰的人數更少。所以秦軍很快佔領了東越、閩越。與此同時，另一路秦軍也從湖南向嶺南地區的南越發動進攻，很快攻陷了番禺，這兩路秦軍進而對西甌、雒越形成夾擊、包圍之勢。

秦軍五十萬大軍雖然在兵力上占絕對優勢，在裝備上更遠遠超過百越部落軍隊，但戰爭的過程卻令秦軍感受到戰前從未想到的艱苦和壓力。戰前，秦軍考慮到了糧草可能會出現問題，也考慮到了南方炎熱的氣候對於大部分出生在北方的秦軍士兵的不適應，但秦軍到了百越之地後才發現，戰場環境的惡劣以及敵軍的超乎尋常的凶悍頑強都是他們始料未及的。

以西甌軍為主力的百越軍隊對秦軍的征服進行了頑強抵抗。百越軍在首領譯吁宋的率領下與秦軍進行了慘烈的激戰，秦朝大軍步步艱難，節節受挫，損兵折將，遲遲不能進入越人的世居領地。在戰爭中，百越軍首領譯吁宋戰死，但是他們至死不投降秦軍，又馬上另選了新的首領。

西元前二一八年，以西甌軍為主力的百越軍在新首領桀駿的率領下，對秦軍發起反擊。他們全線退入山地叢林中與秦軍繼續作戰。百越軍甚至不惜與野獸為伍，白天隱藏在原始森林中，晚上不斷對秦軍進行偷襲。秦兵「伏屍流血數十萬」，秦軍總指揮官屠睢也在現在的廣西桂林一帶被一支百越軍夜襲部隊擊斃，迫使秦軍「宿兵無用之地，進而不得退」，惶恐不可終日，以致「三年不解甲弛弩，使監祿無以轉餉」，雙方一直處於相持對抗的局面。百越軍還切斷秦軍糧道，迫使秦軍糧草不足。除此之外，秦軍還有一個最大的敵人——炎熱的氣候，秦軍士兵多為北方人，不適應南方炎熱的氣候，士兵中瘟疫橫行，直接影響了秦軍的戰鬥力。

秦軍陣亡三十萬人上下，剩下的二十萬人全部退到兩廣的北部邊界一帶，百越軍的傷亡同樣十分慘重，也沒有力量繼續發動進攻，雙方形成了對峙局面，這一對峙就是三四年。

此時，嬴政見雙方都疲憊不堪，尤其是百越軍隊，幾乎是用上了所有的人力物力對秦軍進行殊死抵抗，雖然雙方損失都非常慘重，但百越軍隊已經沒有了回還的能力。如果繼續發動進攻，肯定能夠徹底打敗百越軍隊。所以，嬴政認為這是一個絕佳的機會。

於是，嬴政開始著手支援前線。嶺南地區山路崎嶇，運輸線太長，糧食接濟不上。因此，解決軍糧的運輸問題，成了當時決定這場戰爭勝敗的關鍵。戰爭的暫時挫折，並沒有動搖嬴政統一嶺南的堅強意志，他通過將領們對興安地形的瞭解，果斷地做出了「使監祿鑿渠運糧」的決定。他命令徵調大量民工開鑿靈渠，以溝通湘江和灕江水系，確保秦軍的糧草運輸。經過秦軍與被征人民的艱苦勞動，幾經寒暑，一直到西元前二一四年，靈渠開鑿成功。從此，從湘江用船運來的糧餉，可以通過靈渠，進入灕江，源源不斷地運至前線，保證前方的需要。

嬴政在靈渠糧道全面開通且糧草充足之後，徵集「諸嘗逋亡人、贅婿、賈人為兵」，近十萬加上原先剩下的二十萬秦軍部隊，秦軍再次集中了三十萬大軍向百越軍發動最後的總攻。這時的百越軍，果然如嬴政的預料，只有數千人而已，而且在三四年的對峙中，人馬早就被耗盡了。最後，秦軍幾乎未遇到大的抵抗，就接連拿下了嶺南的大部分區域，至始皇三十三年，秦軍終於全部攻下嶺南，設置了桂林、南海、象郡，並派兵戍守。至此，嬴政完成了統一全國的偉大事業。

古人云：「有志者，事竟成。」沒錯，這的確是很好的教誨。希望自己事業有成的人，都要有恒心和毅力，朝著目標走，不要猶豫不決，必定會實現目標。但是，我們也應該看到，要實現目標，還有許多其他客觀因素。很多事情要考慮天時、地利、人和，並非只憑我們滿腔的熱忱就能解決。如果我們沒有考慮足夠的客觀因素就一味地努力，到頭來還是吃力不討好。

宋襄公，春秋時期宋國的第二十代君主，位列五霸之一，是一個將仁義視為比自己生命還要重要的人。西元前六四二年，齊桓公因病去世，朝中的三個奸臣易牙、豎刁、開方一手掌握大權，在齊國發動了一場內亂。他們為了鞏固自己的勢力，廢掉齊桓公立的太子公子昭，扶持他們的傀儡公子無虧當上了國君。被廢的公子昭看到情勢對自己十分不利，就跑到宋國去，請宋襄公為他做主。宋襄公這個人野心很大，齊桓公去世後，他一心想成為春秋的霸主。宋國的實力並不強大，可權力的誘惑實在是太大了，他想利用這次齊國公子來投靠他的機會實現他的夢想。於是宋襄公便聯合衛國、曹國和邾國的人馬去攻打齊國。由於齊國的一些貴族不滿易牙等人的統治，所以對公子昭懷有同情之心，再加上不清楚宋軍實力，於是就群起將當時已登上王位的公子無虧殺了。公子昭順利登基，即齊孝公，宋襄公也因此小有名氣。

宋襄公自認為對齊孝公的復位起到了十分重要的作用，足夠他樹立威信稱霸諸侯，便想將自己盟主的地位確定下來。西元前六三九年，宋襄公召集齊、楚兩國的國君相聚在齊國的鹿地。宋襄公認為這次會議的發起人是自己，同時齊國和楚國的霸位也不如宋國高，所以他事先並未徵求齊國和楚國的意見，便自作主張地以盟主的身分自居，還擅自擬了一份秋季在宋國會合諸侯，共同扶持周王室的通告。楚成王對宋襄公的做法很不滿意，到了約定開會的那天，楚成王公然說道：「楚國很早就開始稱王，宋國雖說是公爵，但比起王來恐怕還稍低一等，所以盟主的座位理所當然由我來坐。」經過一番論戰後，宋襄公最終沒能如願以償地當上盟主，從那時起，宋襄公便對楚國懷恨在心。後來，他聽說在支持楚國為盟主的國家中，鄭國是最積極的，於是便想討伐力薄國小的鄭國，出出胸中的惡氣。

宋襄公不顧眾位大臣的反對，硬要對鄭國採取武力措施。鄭文公知道消息後，知道勢單力薄的鄭國不是宋國的對手，於是便向楚成王求援，楚成王也答應來救援鄭國。不過，楚成王並沒直接去救鄭國，而是率領大批人馬直接攻擊宋國。宋襄公知道後一下就亂了陣腳，因為楚國兵強馬壯，宋國一定會吃大虧。於是他也顧不上攻打鄭國，連夜帶兵趕回國內，在漲水的河邊扎好營盤，等待楚國的到來。楚國的兵馬來到了對岸，宋國的大司馬公孫固對宋襄公說：「楚軍此次的目的只為救鄭，現在咱們已經從鄭國撤軍，他們也就沒有動兵的理由了。我們國家的實力畢竟不如楚國，不可硬拚，不如與楚國講和算了。」誰知宋襄公卻說道：「楚國雖然算得上是強國，可他們卻缺乏仁義，而我們雖然勢力較弱，卻是仁義之師。不義如何能夠勝得過仁義呢？」隨後，宋襄公還命人特意做了一面繡有「仁義」二字的大旗，要用「仁義」來戰勝楚國的刀槍。

經過了一夜的休整，第二天楚軍已經開始過河了。此時公孫固又向宋襄公建議道：「現在我軍所處的位置明顯佔有地理優勢，若在他們過河過到一半時，我們殺過去，一定能夠將他們打敗。」頑固的宋襄公卻指著「仁義」之旗說道：「半路對楚軍進行攻擊，算不上是仁義之師所為。」楚軍全部渡過了河，開始在河岸上佈陣。此時公孫固第三次向宋襄公出謀劃策：「如果我們趁楚軍混亂佈陣之時向他們發起進攻，還有取勝的可能。」不料，宋襄公聽到此話卻說道：「楚軍還沒有布好陣，我們若現在攻過去，豈是一個仁義之師的作風？」

最後，楚軍布好了陣，他們可不會講什麼仁義，列隊殺氣騰騰地衝了過來。仁義的宋襄公最終沒能取得勝利，還被楚軍打傷。那面「仁義」大旗，也在混戰中不知所蹤。

「學會變通，善莫大焉」。成功者之所以能夠取得成功，很重要的一點就在於他們善於變通，宋襄公的愚蠢也就在於他不懂得變通。誠然，推崇仁義值得尊敬，但也要分清自己所處的環境和條件。在戰場那樣一個殺人不眨眼的地方，過度強調仁義無疑是自取滅亡。生活中也是這樣，人活在世，總是會遇到這樣或那樣的危險與挫折，堅持自己的原則並沒有錯，但也一定要擦亮眼睛看清事實，只有變通才能讓我們順利地渡過難關。在充滿不確定性的環境中，我們需要的並不是朝著既定的方向勇往直前，而是在隨機應變中尋找求生路。我們應當明白，在一個充滿變數的社會裡，靈活機動的行動比一成不變的固執要好得多。

俗話說，「窮則變，變則通」。變通是這個世界上唯一不變的事物，山不過來，你可以過去，你改變不了環境，但可以通過改變自己去適應環境。美國的著名人物羅茲說過：「一個人的一生中，最大的成就莫過於不斷地進行自我改造，以使自己悟出生活之道。」因爲我們所處的環境及客觀情況在不斷變化，所以我們自身必須也要隨之變化，千萬不要被經驗束縛了頭腦。試想在你面前有一個萬丈懸崖，你還會一直往前走，直到跳下去嗎？當然，我們不能否認執著的重要性，但盲目的執著是不可取的，有時候慣性思維會牽絆人的一生。一個過於死板的人，比起一個善於變通的人，所感受到的快樂要少得多。

世界每一分鐘甚至每一秒鐘，都和前一刻不同，一味地堅持自己的原則有可能是對的，但也有可能是錯的。此時，只有變通才是應對變化的最好方法。偉大的軍事家諸葛亮曾說過：「因天之時，就地之勢，依人利而所何無敵。」它的意思也就是說，一個人應當根據外部的環境適時改變自己，才能發揮最大的潛能，所向無敵。一旦確定外界環境變得對自己不利，或者發覺自己走錯了方向，就應該果斷地放棄堅持，尋找另一條正確的路。只有這樣，我們才能從「山重水複疑無路」的困境，走進「柳暗花明又一村」的勝境。

5 遇到困難時，不妨轉個彎

當你在遇到困難時，不妨轉個彎，換個思路，換個角度，也許，下一條陽光大路正在向你敞開。

在嬴政取消《逐客令》後，大梁人尉繚來到秦國，他對嬴政建議：「以秦國目前的強勢，其他諸侯已如同秦國的郡縣了。但最怕的是我們一時大意，讓諸侯因利害相結合。所以我希望君王能捨得花大錢賄賂諸侯的豪臣，以亂其政策。大約三十萬金，便可以把諸侯完全消滅掉。」

嬴政聽完尉繚的建議後，非常高興。對於尉繚的建議照單全收，並且在吞併六國的鬥爭中適時加以運用。其中重金賄賂趙國重臣郭開，誘使趙王陣前換將就是明顯一例。

長平一戰，越國損失慘重，被迫將晉北太原之地和晉中南的上黨之地先後割讓給秦。到嬴政時，趙國尚擁有中山、邯鄲、河間等地，北有雲中、雁門、代等邊郡與匈奴相抗衡，西以太行山脈為屏障隔擋秦國。而齊、魏、燕國勢日衰，所以趙國仍不失為東方強國。而且，趙國地處東方諸國的中樞，在秦國向中原進兵時，趙國既為韓、魏的後援，又遮掩了秦對齊、燕兩國戰爭的鋒芒。秦統一六國，趙國最為關鍵，所以嬴政發動了大規模的滅趙戰爭。

秦國發動對趙戰爭，由名將王翦主持，從始皇十一年開始，十九年結束，大致分為兩個階段。

第一階段為始皇十一年至十四年，這是滅趙戰爭的準備階段。

秦國乘趙用兵於燕之際，由王翦親率主力從晉中南上黨地區出發，向太行山高臺地區的趙軍發動攻擊，一舉攻佔了閼與、僚陽，直逼趙都邯鄲。王翦又令桓齮率部由南陽出發，沿太行山東南麓前進，攻取了河間六城，並攻克了鄴邑、安陽，直接威脅邯鄲南部。

趙國則針鋒相對，分兩路抵禦秦軍，西路由名將李牧率軍對抗王翦，南路以扈輒為將阻擋桓齮。秦、趙對峙近兩年，王翦軍遭到李牧的有力阻擊，不得前進。桓齮則在始皇十三年攻佔邯鄲東南之平陽、武城，斬趙軍十萬，殺趙將扈輒。

第二年，桓齮又率部繞道上黨，攻取了趙之赤麗、宜安，加緊了對邯鄲的包圍。嬴政親赴河南，部署攻克邯鄲的戰事。當此緊急關頭，趙國急抽調李牧南下，將桓齮擊敗於宜安、肥下。桓齮畏罪逃往燕國，秦國滅趙戰爭受挫。

第二階段在始皇十五年至十九年，這是滅趙之戰的關鍵階段。

王翦因前次西進受挫於李牧，遂改道北移，率主力由太原進攻井陘關，企圖出井陘關佔領邯鄲以北地區；另一部仍由南路經鄴邑、安陽進攻邯鄲之南。趙國主將李牧揣測到秦軍改道的意圖，便移主力北上，扼守井陘關，對抗王翦；而令司馬尚率另一部趙軍據守邯鄲之南，以抵禦南路的秦軍。

結果，秦趙兩軍又分別在北線和南線成對峙狀態。王翦被李牧阻於番吾，南路秦軍被司馬尚所擋，又是兩年時間，秦軍未得進展。

秦國為了打破戰爭的僵局，便仿效長平之役中的故技，再施反間計。秦國派人來到趙國，重金收買了趙王的寵臣郭開，令郭開挑撥趙國君臣關係，「言李牧、司馬尚叛反」。

昏庸的趙王聽信讒言，派趙蔥及齊將顏聚替代李牧。李牧拒不受命。於是，趙王以召見為名，誘李牧回京入宮，令佞臣韓倉數列其罪狀，抓住李牧上朝行禮不恭的把柄，誣告李牧說：「將軍戰勝歸來，大王親自舉爵為你祝酒，然『將軍為壽於前而捍匕首，當死！』」

李牧申辯說：「臣身大臂短，不能及地，起居不敬，為此，特意請人給臣用木棒接長了手，並非袖藏匕首，大人若不信，請讓臣伸出手來看看。」說罷，李牧將接的手伸出衣袖，狀如棒捆，以布纏之。對韓倉說，請公人告大王，韓倉不肯通報，說：「受命於王，賜將軍死，不赦！」李牧自知無救，北面再拜趙王賜死之命，步出宮門，右手舉劍自誅，因臂短，便不及頸，遂口銜著劍，靠著柱子自殺身死。

李牧被殺後，王翦率秦軍主力從上地出發，攻克了井陘關，大破趙軍，殺了替代李牧的趙軍主將趙蔥和顏聚，直逼邯鄲。秦軍另一路由楊端率領，從南路進軍。原來駐守邯鄲之南的趙將司馬尚因李牧事件株連被廢，趙軍南線無得力將領，南路秦軍得以順利抵達邯鄲南郊。與北部的王翦軍形成南北夾擊之勢。最後，邯鄲城破，趙王被俘，秦國滅趙戰爭勝利結束。

由此看來，變與不變，大不相同。特別值得注意的是：在以弱抗強時，不能硬碰硬，而是選擇從另一個角度入手，這樣你會發現事情簡單多。

我們再來看一個故事。

委內瑞拉人拉菲爾．杜德拉正是憑藉這種靈活變通而發跡的。在不到二十年的時間裡，就建立了投資額達十億美元的事業。

二十世紀六〇年代中期，杜德拉在委內瑞拉的首都擁有一家很小的玻璃製造公司。可是，他並不滿足於此。他學過石油工程，認為石油是個能賺大錢，更能施展自己才幹的行業，一心想躋身於石油界。

有一天，他從朋友那裡得到一個資訊，說是阿根廷打算從國際市場上採購價值兩千萬美元的丁烷氣。得此資訊，他認為躋身石油界的良機已到，於是立即前往阿根廷，想爭取到這筆生意。

去後，他才知道已有英國石油公司和殼牌石油公司兩個老牌大企業在頻繁活動了。這是兩家十分難以對付的競爭對手，更何況自己對石油行業並不熟悉，資本又不雄厚，要做成這筆生意難度很大，但他並沒有就此甘休，決定採取迂迴戰術。

一天，他從一個朋友處瞭解到阿根廷的牛肉過剩，急於找門路出口外銷。他靈機一動，覺得幸運之神到來了，這等於給他提供了同英國石油公司及殼牌石油公司同等競爭的機會，對此他充滿了必勝的信心。

他旋即去找阿根廷政府。當時他雖然還沒有掌握丁烷氣，但他確信自己能夠弄到。他對阿根廷政府說：「如果你們購買我兩千萬美元的丁烷氣，我便買你兩千萬美元的牛肉。」當時，阿根廷政府想把牛肉趕緊推銷出去，便把購買丁烷氣的投標給了杜德拉。

投標爭取到後，他立即籌辦丁烷氣。他隨即飛往西班牙。當時西班牙有一家大船廠，由於缺少訂貨而瀕臨倒閉。西班牙政府對這家船廠的命運十分關切，想挽救這家船廠。

這則消息對杜德拉來說又是一個可以把握的好機會。他便去找西班牙政府商談，說：「假如你們向我買兩千萬美元的牛肉，我便向你們的船廠訂製一艘價值兩千萬美元的超級油輪。」

西班牙政府對此求之不得，當即拍板成交。杜德拉馬上通過西班牙駐阿根廷使館，與阿根廷政府聯絡，請阿根廷政府將杜德拉所訂購的兩千萬美元的牛肉，直接運到西班牙來。

杜德拉把兩千萬美元的牛肉轉銷出去之後，繼續尋找丁烷氣。他到了美國費城，找到太陽石油公司，說：「如果你們能出兩千萬美元租用我這艘油輪，我就向你們購買兩千萬美元的丁烷氣。」

太陽石油公司接受了杜德拉的建議。從此，他便打進了石油業，實現躋身石油界的願望。經過苦心經營，他也終於成為委內瑞拉石油界的鉅子。

杜德拉是有大智慧、大膽魄的商業奇才。這樣的人能夠在困境中變通地尋找方法，創造機會，將難題轉化爲有利的條件，創造更多可以脫穎而出的資源。

蕭伯納曾說：「明智的人使自己適應世界，而不明智的人堅持要世界適應自己。」變通是天地間的大智慧。人生處世面對層出不窮的矛盾和變化，最有效的辦法就是要學會變通。從某種意義上講，變通就是尋求一種解決問題的新方法。遇到新的情況，就換新的想法去應對。如果只是墨守成規，不知道運用巧思，靈活變化，不要說成功了，還有可能會吃大虧。

第五章

謀略之道，鬥勇更要鬥智

競爭中，敵人內部如果團結一致，就會形成強大力量，難以戰勝。這時候離間計的運用，往往可以收到奇效。

1 掩蓋意圖，牽制對手

正所謂兵不厭詐，在人類的歷次戰爭中，掩蓋真正意圖的作戰指導思想貫穿其中。然而在現實生活中，人們爲了能在競爭中取得勝利，常常不擇手段。他們不知道，最實用的知識往往存在於掩飾之中，提早亮出自己底牌的人很可能輸掉。所以在日常生活中，當你的對手在窺視你的意圖時，一定要好好地掩飾它，不要讓任何人發現你真正的用意，也不要讓別人預見你思想的發展方向。

掩蓋真正意圖的目的是利用一些手段獲得對自己有利的條件，以達到勝利的目的。這些手段可以是誘惑、示假、僞裝等，主要是爲了迷惑麻痹對方，使其喪失警惕，從而產生錯誤的判斷，做出對己方有利的部署和行動。真正聰明的人知道通過掩飾己方真實意圖來牽制對手，爲對其實施致命的打擊創造先決條件，以相對較小的代價最大限度地實現己方的戰略目的。

秦國與周圍諸侯國之間的戰爭是穿插進行的，邊打邊談是秦國統一天下的重要手段。

在戰國中期，七雄爭霸的特點之一是弱肉強食，當時秦、齊兩國都是東方強國，是可以互相抗衡的兩個國家。有關歷史資料曾記載了兩國交戰時的一些情況。

西元前二九八年，秦、齊戰爭爆發，齊國聯合韓、魏，攻入秦國函谷關，直逼咸陽，秦國只好割地求和。

西元前二八八年，秦、齊相約稱帝。當時秦國雖然已經很強大了，但其聲譽不佳，許多國家都不願意與它合作，而喜歡與齊國交往。秦昭王怕齊國鬧事，有意拉攏齊國。秦國暗地裡還採用了離間計，使齊國與其他各國的關係處於僵持狀態。

齊王是一個比較保守的人，膽小怕事，常被秦國的蠅頭小利搞得暈頭轉向，從而上當受騙。秦國與趙國交戰時，齊王中了秦國的離間計，不願出兵救趙就是一個生動的事例。

嬴政派人用大量金錢賄賂齊國奸臣，這些奸臣在齊王面前說了不少有關趙國的壞話，致使齊國坐山觀虎鬥，看著昔日盟國被秦國佔領。

正是這場戰爭，在某種意義上決定了其他國家被秦國滅國的命運。如果秦國當時滅不了趙國，那麼就不可能繼續順利推行吞併其他各國的計畫。

秦、趙之戰開始後，趙國被秦國所困，齊國許多大臣就勸齊王答應趙國的請求，派兵援救趙國，但齊王卻否決了。此時，齊國大臣周子早就識破秦國的計謀，他前去勸齊王說：「齊、趙交情頗深，大王千萬不要與趙國斷交，這樣就中了秦國的離間計，在這關頭，臣還是認為我們應該出兵救援趙國。」

齊王回答：「秦國已經允諾此次戰事不會殃及我國，只是秦、趙兩國之間的戰事，我們為什麼惹火上身呢？」

周子說：「我勸大王還是幫趙國一回吧，他們現在處境困難，為秦所困，缺乏糧草，還是借給他們好。」

齊王問道：「要是我不給趙國供給糧食，後果會怎樣？」

「那我們正好中了秦國的離間計。」

「可能是這樣嗎？」

「大王，請三思。趙國與齊國相鄰，從地理位置上來講，趙國是我們齊國的保護屏障，趙國滅亡了，我們還能自保沒有危機嗎？」

「你說得太嚴重了吧！秦王說過，不會與我們為敵，這是有言在先的。」

「這是不可能的事，趙、齊兩國的關係猶如牙齒與嘴唇的關係，唇亡則齒寒。」

齊王只是坐著，瞇眼聽周子的勸說，心中不以為然。

周子接著說道：「今天秦把趙國滅了，明天就輪到我們齊國，此事重大，萬萬不能拖延！」

此時齊王站了起來，走到窗臺前，望著天空思索著，窗外風不停吹著，屋裡很涼快，宮女們在後院來回走動，一切都很美好。

周子也站起來，立到窗前，對齊王說：「大王，救趙一事請速定奪，不宜推遲！」

齊王欣賞著美女，很不耐煩，揮揮手說：「不要著急，容我再想想。」

周子說：「我們應該去救趙國，像捧著已經漏水的瓦缸或者燒乾的鍋那種心情，確切地說，救趙國的同時也表現出了我們崇高的勇氣。若能擊退秦國軍隊，便能顯示我們的實力強大，憑藉勇氣援救圍困中的趙國，憑藉實力擊退強勢的秦國，您沒有想到這些，卻為了自保，吝嗇一點糧食，這樣是大錯特錯的。」

齊王仍無動於衷，對周子說：「你不要管這事了，去辦你自己的事吧，這事我自有考慮。」

齊王沒有援助趙國，嬴政當然很高興，他抓緊時機，在趙國孤立無援時，調動大批兵力圍攻趙國，致使趙國全面崩潰。

嬴政忙於消滅其他國家，但他對齊國仍是有防備的，為了穩住齊王，對齊王格外親熱，裝出一副十分友好的樣子。齊王卻看不透嬴政的用意，根本沒有把秦國當作敵人看待。

秦國發動這場戰爭已近十年了。秦國先後滅了五個國家，六國中只有齊國還存在。這時嬴政開始準備向齊國動手了，令人遺憾的是齊王仍執迷不悟，沒有看出秦國的真實面目。

嬴政很有心計，將大批軍隊開到齊國邊境，按兵不動，派人送信將齊王恭維了一番，然後說為了免除戰爭給人民帶來的災難，希望齊王以大局為重，向秦國稱臣。

齊王親眼看到秦國消滅了其他五國，沒有想到秦國會回過頭來再滅齊國，讀完秦王政的信後，怎麼也想不通。他對大臣說：「我們齊國向來不願與秦國為敵，在戰亂中，我們也沒有幫助別國打過他們，如今秦國卻出爾反爾，這怎麼解釋……」

有大臣說：「秦國已大兵壓境了，打不打呢？」

齊王思前想後，三天不理國事，不見任何人，到了第四天，突然對眾臣說：「近日，我們與秦國關係緊張，我準備親自去與秦王交談。」

眾臣不理解他這次突然要入秦的用意，因此都不好表態，於是他就輕車從簡，朝秦國駛去。他一走，人們才知道他是到秦國稱臣去了。雍門的司馬追上齊王，擋住了去路。齊王大怒，說：「你想幹什麼？」

司馬說：「請大王息怒！」

齊王瞪著眼睛問：「你到底想幹什麼？」

司馬說：「我有話想對你講。」

齊王說：「講吧！」

「我們為什麼擁立您為大王？是為了國家？還是僅僅為了立王呢？」

「是為了國家。」

「既然是為了國家才立王，那麼大王您為何要到秦國去稱臣呢？」

「我這是迫不得已。」

「不是的，齊國山河還在，難道我們就能白送給秦國？」

「秦國這麼強大，我們不是對手。」

「還沒交手，怎麼能有這樣的想法？」

「你們是清楚的，這是現實！」

「還是請大王別去秦國了，齊國民眾都不希望您走。」

齊王思緒萬千，思索了一會兒，才讓車夫掉頭，重返國都。

齊王回宮後，即墨大夫急忙入宮跪在地上對他說：「臣聽說大王想去秦國稱臣，心裡十分著急，如今你不去了就好，我們就有希望了。」

齊王問：「希望何在？」

「秦國雖然強大無比，但如今我們齊國的土地還有數千里，披鎧戴甲的士兵也還有數十萬，三晉的人們沒有一個願意去為秦國服務的。」

「是這樣嗎？」

「當然。」

「那你說我該怎麼辦？」

「您可以收留這些國家的流亡大夫，他們聚集在齊城南邊，讓他們率兵與秦軍交戰，收復失地，保護民眾。」

「他們願意嗎？」

「依我看沒有問題。如果您能重用他們，不但齊國失地可以收復，而且還可以提高大王的威信。」

齊王聽取了他的建議，派兵應戰。

這個舉措是英明的，可是齊王用錯了人，此人正是前文提到的后勝，他是齊王身邊的一個大臣，為人圓滑，喜歡說謊，早已被秦國收買。

后勝到前線後與秦國軍隊保持著密切聯繫，主動退讓，致使大片領土被秦軍佔領。他還謊報軍情，將秦軍說得強大無比，勸齊王與秦國和談。

齊王至此仍抱著和談的思想，不嚴密佈防，不訓練軍隊，而且將和談權交給了后勝，這樣一來雖說前線無戰事了，但秦國對齊國的威脅仍很大。齊王聽信后勝的話，首先從思想上解除武裝。

和談當然是沒有好結果的，在人們的罵聲中齊王才改變了計畫，決定用武力解決問題。可是為時已晚，早已馬放南山的齊國軍隊怎麼抵擋得了秦國軍隊呢？

西元前二二一年，秦國軍隊氣勢洶洶地開進了齊國，齊軍毫無應戰能力，不到一個月，偌大一個齊國就被秦軍全面佔領了。

嬴政將齊王軟禁起來，幾天之後這個齊王就離開了人世。嬴政在著手治理齊國時對他的部下說：「齊王無能，是自討苦吃，如果他前幾年與各諸侯國聯手，我們也不會這麼容易地得到這個國家啊！」

隨著最後一個國家齊國的滅亡，秦國終於完成了統一中國的使命。

其實，在生活中，做任何事情都是這樣的，在時機不成熟的時候，我們要學會掩蓋事情真相，抓住對方的弱點，待到時機成熟的時候再進行攻擊。這也是順利取得成功的一種有效的方法和手段，兵不厭詐，只有深諳此中的奧秘，才能確保自己戰略意圖的實現。

春秋時，晉國想吞併南邊的虢國。但是在晉國和虢國之間還隔著一個虞國，所以，一直未能得手。

晉獻公當政的時候，大夫荀息向他獻計，請求用晉國最好的馬和寶玉送給虞國的國君，以便向他借路去討伐虢國。獻公有些捨不得。荀息勸說道：「只要向虞國借到路，這些寶物放在他那裡不就像放在我們國外的庫房裡一樣？將來還不是大王您的。」

獻公同意了。於是，荀息帶了寶物去虞國借路。

見到虞公後，荀息先向虞公提到過去晉國幫助虞國打冀國的事，然後才提出借路伐虢。虞公接了貴重的禮物，滿心歡喜，不僅一口答應了荀息的要求，而且還主動提出自己先起兵做先鋒討伐虢國。大臣宮之奇勸虞公謹慎從事，虞公根本不聽。

這年夏天，晉國的里克、荀息率軍與虞軍會師攻打虢國，滅了下陽。

過了三年，晉國再次向虞國借路去討伐虢國，宮之奇勸虞公說：「虢國和虞國脣齒相依，虢國一旦滅亡，虞國也必定跟著滅亡。晉國的野心不能助長，借路一次已經是過分了，怎麼還能夠借第二次呢？俗話說，脣亡齒寒，嘴脣掉了牙齒也難保，這不正好是說的我們虞國和虢國嗎？」

虞公說：「晉國是我們的同宗，難道還會害我們嗎？」

宮之奇說：「其實，虢國、虞國和晉國都是同一祖先分化出來的，要論起來，虢國與晉國比我們和晉國的關係還親一點，晉國連虢國都要消滅，還會放過我們嗎？」

儘管宮之奇說得有理，虞公還是不相信晉國會害自己，答應了晉國的要求，宮之奇只好帶著自己的家族離開虞國，臨走時，悲傷地說：「虞國的滅亡等不到年終，晉國這次出兵，可以一舉兩得，不用再發兵了。」

果然，十二月裡晉國一舉消滅了虢國，軍隊回來的時候駐紮在虞國休整，然後發起突然襲擊，輕而易舉地拿下了虞國，活捉了虞公回國。後來晉獻公把女兒嫁到秦國去，就把虞公作為陪嫁一併送去了。

知道如何利用敵人，智者都是精於此道的，正如許多成功的人也多半是他們的敵人促成的。我們要善於在對手身上「借」得我們所需要的。在施行「借」這一計謀的過程中，晉國君臣針對虞公貪利愛財的這一弱點，誘之以利，迷惑其心智，使敵人始終被牽著鼻子走，無所作爲。此外，在這次戰爭中所反映出唇亡齒寒的道理，爲後世弱國聯合抗擊提供了有益的啓迪和基礎。

2 巧做漁翁，「離間」對手

鷸蚌相爭，漁翁得利。在競爭過程中，競爭者之間都會有利益的衝突，這時候，以一種漁翁的姿態，挑起競爭對手之間的矛盾，就不失爲一條妙計。

戰國七雄中，趙國是僅次於秦國的強國，名將輩出，士卒如雲，曾多次同其他諸侯國合縱，重創秦軍。秦國君臣都把趙國當作最大的敵人，不敢掉以輕心。

秦昭王之時，趙惠文王欲興兵攻燕，蘇秦之弟蘇代恰在趙國，他對趙王說：「臣來趙時經過易水，見一隻河蚌張開蚌殼曬太陽，而鷸啄其肉，蚌即閉殼而鉗住鷸喙。鷸說：『今日不雨，明日不雨，你就會死。』蚌也說：『今日不放，明日不放，你成死鷸。』兩者各不相讓。一個漁翁看到這情形，便把鷸、蚌都抓住了。」蘇代勸趙勿伐燕，以免強秦坐收漁翁之利。

嬴政親政以後，對趙國的方方面面進行了仔細的調查和研究，發現，趙國除了君臣隔膜、將佐不睦以外，還有一個很大的弱點，即趙國同他的東北鄰國燕國不能相容，經常兵戎相見，相互攻伐；即使在休戰時期，也是貌合神離，鉤心鬥角，就像蘇代所說的：鷸蚌相爭。

自長平大戰後，趙國損失了幾十萬軍隊，大傷元氣，全國上下無不切齒痛恨秦王。後來，策動長平之戰的秦昭王死了，燕王喜便派他的丞相栗腹帶著五百金去邯鄲，為趙孝成王祝酒，表示祝賀，同時以此加強兩國的友鄰關係。對趙、燕兩國而言，這本來是一件好事。但是，燕國的君臣似乎特別懷念燕昭王時國家殷富、掃蕩齊域的那段歷史，盼望著能再現昔日的輝煌。栗腹在趙國發現，趙之青壯年皆死於長平，下一代還未成年，覺得這是一個使燕再振雄風的天賜良機。回國後，栗腹向燕王喜報告了這個情況，並建議討伐趙國。燕王君臣聞報，大喜，仗著自己人多，以五敵一，決定進攻趙國。趙軍雖然青壯年很少，然而士卒富於作戰，將領指揮得當，人多勢眾的燕軍不是對手，栗腹的部隊被名將廉頗擊敗，蘇秦所率燕軍也被趙國大將樂乘打敗，反而將燕都包圍，燕王喜只得灰溜溜地同趙講和。

嬴政即位以後，趙、燕兩國的關係又趨緊張。始皇三年，趙悼襄王上臺，親信大將樂乘，令其取代廉頗，廉頗一怒之下，率所部打跑了樂乘，自己也投奔魏國去了。這個事件給趙國帶來了很壞的後果。兩年後，趙派李牧率兵攻燕，連克武遂和方城兩座城池。燕王喜派名將劇辛攻趙，欲乘當時趙數敗於秦軍而廉頗不在趙國的時機，重創趙軍。趙國則派著名軍事家龐煖為將，一舉殲滅燕軍兩萬人。

始皇十一年，遠在咸陽的嬴政得到一個非常重要的消息：趙、燕兩國關係又趨緊張，趙國派龐煖將兵攻燕，連克燕城數座，並繼續向燕腹心推進。秦王判斷趙國國內必然空虛，決心利用燕、趙的鷸蚌之爭使秦國得利；遂果斷決策，派王翦和桓齮、楊端兩軍以救燕為名，率秦軍疾攻趙國。果然不出所料，趙國對秦軍的攻襲沒有準備，國內兵力又嚴重不足，無法組織有效的抵抗。王翦一軍出上黨，很快攻佔了閼與、鐐陽。桓齮和楊端和所率秦軍也很順利地佔領了趙國的河間六城。不久，桓齮又攻佔了鄴和安陽，上黨郡和漳河流域已完全為秦軍所控制。

捷報一道接一道地飛向咸陽，秦國君臣興奮不已。戰爭的考驗和為政的實踐，使年輕的秦王很快成熟起來。此次戰役表明，嬴政比較注意分析敵我雙方的運動態勢，善於利用六國間錯綜複雜的矛盾關係主動捕捉戰機。對於一個統一決戰的最高指揮者來說，這是不可或缺的戰略控馭才能。

始皇十三年，秦軍氣勢正旺，趙國兵勢不振，嬴政再作決策，派將軍桓齮攻趙。桓齮行動迅速，指揮秦軍迅速東進，將武城和平陽兩城團團包圍起來，發動猛攻。平陽和武城皆位於趙都邯鄲之南的漳水邊上，一東一西，扼邯鄲南方要衝，為門戶所在，地理位置十分重要。趙王急調十萬精兵，派扈輒為將前去救援，雙方在平陽週邊展開了激戰，結果，趙軍全部被殲，扈輒也死於秦兵的長戈之下。

平陽之戰是統一前最大的一次戰役，趙國的有生力量在此役中再次遭到沉重打擊。嬴政接到捷報，興奮不已，立刻起身離開咸陽，前往距前線不遠的河南視察，他決心趁熱打鐵一舉滅趙。第二年，屢戰屢勝的桓齮又奉令攻趙，麾軍自上黨出發，翻越太行山，向趙進攻，奪取了赤麗、宜安。就在秦軍正欲擴大戰果，挺進趙之腹心之地時，趙國也在加緊調兵遣將，企圖擋住秦軍，苟延殘喘。

始皇十八年，三十一歲的嬴政再次抓住戰機，下令大舉攻趙。秦軍兵強馬壯，士氣高昂，分兩路攻入趙境：王翦率上黨秦軍由西向東，直下井陘，再由北而南，威逼邯鄲；楊端和率河內秦軍由南而北，直撲趙國腹心，進圍邯鄲。

此時的趙國，因連年兵燹、地震、饑饉，致使民不聊生，怨聲載道，兵員嚴重不足，原有的君臣隔膜、將佐不睦的矛盾也更加突出，已然失了戰鬥力。但趙王遷困獸猶鬥，派武安君大將軍李牧和將軍司馬尚帶兵在邯鄲週邊拚死抵禦。李牧是戰國時期罕見的帥才，攻守全能，特別擅長打防禦戰，當年他在雁門鎮守邊關之時，就連勢如飆風的匈奴鐵騎，面對他的鐵桶一般的防線，也是一籌莫展，難以再前進一步。眼下，面對秦軍的兇猛進攻，李牧和司馬尚竭盡心智，苦心籌畫，團結全軍，成功地將兩路秦國大軍擋在邯鄲週邊達一年之久，連王翦這般威名赫赫的大將，對此也是無計可施。

自西元前二三三年起，秦軍三次攻趙，前兩次均遭慘敗，第三次攻趙又遭到頑強的阻擊，無法挺進邯鄲。而給秦軍造成如此大麻煩的人，竟然都是李牧！秦王開始明白了：若論提百萬之軍縱橫沙場，攻必克，守必固，百戰而不殆者，李牧足以稱之，秦軍將領無人能及。因此，秦王不打算調換前線將佐，王翦尚且束手無策，其他將領更可想而知了。秦王更不願久圍邯鄲，因為那樣做固然可以切斷邯鄲同外界的一切通道，困死李牧，但短時間內是無法辦到的。若圍城時間加長，迫使山東各國認清形勢，再次合縱，共同對付秦軍，形成趙反擊於內，諸侯合擊於外的態勢，或者諸侯聯軍乾脆直搗咸陽，「奮六世之餘烈」的統一決戰就將遭到全面失敗。這樣的局面，秦王是無論如何不願見到的。

矛盾的焦點集中在李牧身上。嬴政決心剪除李牧，拔掉這顆統一之途上的大釘子。強攻不行，唯有智取。嬴政想起過去曾獲得的一則情報：當年廉頗投奔魏國以後，魏王並沒有信用這位老將。後來因趙國數敗於秦兵，國無良將，趙王打算重新起用廉頗，廉頗也想為國重披征袍，再上疆場。當趙王的使者到魏國來看望他的時候，廉頗在席間「一飯斗米，肉十斤」，又披甲上馬，馳騁一番，表示自己尚未老邁，仍可為國效命。但因為使者接受了仇恨廉頗的趙王佞臣郭開的賄賂，便向趙王做了假彙報；廉將軍雖然年紀大了，但胃口還很好，不過，與臣坐間，一會兒的工夫就解了好幾次大便。趙王聽了，以為廉頗已然老邁，不堪驅馳，遂不再召用。

這則看似無用且已顯過時的情報，給嬴政很大的啟發，他派人潛入邯鄲，以重金賄賂郭開，行反間計，聲言李牧和司馬尚在此國難當頭之際，不想君王之所想，不急國家之所急，欲謀叛趙國而去。愚蠢的趙王遷聽了郭開的報告，不做任何調查，便信以為真，派趙蔥和齊將顏聚兩個無能之輩取代李牧和司馬尚。李牧以國家利益為重，抗拒王命，不交兵權。趙王遷遂派人秘密捕殺了李牧，司馬尚也被臨陣免職。

嬴政略施小計，只花費些許金錢，便拔掉了使幾十萬秦軍都束手無策的大釘子，掃除統一之途上的一大障礙。事關國之命運的大決戰，又可以順利進行了。

李牧一死，秦軍在王翦及楊端和的指揮下，重新發動海潮般洶湧的攻勢。三個月內全殲趙軍，殺死趙蔥，攻佔邯鄲，並在東陽生俘了自毀長城的趙王遷以及顏聚。只有趙公子嘉在一些宗室大臣的護衛下逃往代郡，後自立為代王，趙國基本上滅亡。

競爭中，敵人內部如果團結一致，就會形成強大力量，難以戰勝，這時候離間計的運用，往往可以收到奇效。離間就是在敵人內部挑起是非，引起猜疑，讓敵人分化或者產生內耗，從根本上削弱敵人的力量。

在明王朝危亡的緊要關頭，袁崇煥戍邊七載，先後大敗後金汗努爾哈赤及皇太極，取得寧遠大捷和寧錦大捷，穩定了遼東防線，鼓舞了明朝軍民抗擊後金軍的信心。後因遭閹黨魏忠賢的誣陷，罷職歸鄉。西元一六二七年，朱由檢（即崇禎帝）即位後，起用袁崇煥為兵部尚書兼右副都御史，督師薊、遼，兼管河北、山東的軍事防務，並賜給袁崇煥一把尚方寶劍，給予他先斬後奏的大權。然而，崇禎帝是一個好大喜功、剛愎自用又生性多疑的人。當袁崇煥於次年六月用尚方寶劍殺了私通敵國、為非作歹、不聽軍令的總兵毛文龍之後，崇禎皇帝開始對袁崇煥產生了懷疑。

崇禎二年（西元一六二九年）十月，後金興兵攻明。皇太極因為畏懼袁崇煥，不敢直接進攻錦州。他避開山海關防區，繞道蒙古邊地，襲取龍井關、大安口，進逼北京。袁崇煥得知情報後，立即揮師入關，親率幾千名騎兵，晝夜急馳，搶先趕到北京城下，並在廣渠門外擊敗了皇太極部的進攻。

正當袁崇煥千里馳援、大戰後金之際，以魏忠賢、溫體仁為首的一夥奸臣，乘機重彈「議和通敵」的老調，誣陷袁崇煥「縱亂擁兵」「引敵脅敵，將為城下之盟」。明朝廷的一夥閹黨餘孽則重金賄賂一些不明真相的文人墨客編寫小說，繪聲繪色地在京城內外大肆散佈袁崇煥是「漢奸」，勾結後金反明云云，這進一步加劇了崇禎皇帝對袁崇煥的懷疑。當袁崇煥因兵馬疲勞而要求入城休息時，崇禎皇帝斷然拒絕。

皇太極獲知明朝廷中的上述情況後，便決定施行反間計，以達到用明朝皇帝之手殺掉袁崇煥的目的。為此，他故意引兵撤退，同時讓明軍降將高鴻中在囚禁兩個明朝太監的屋外對看守人員說：「你知道我軍為什麼退兵嗎？這是因為皇上和袁巡撫訂了密約，看來，佔領北京的大事很快就要成功了。」爾後，又故意讓兩名太監逃走。逃回城裡的太監立即向崇禎皇帝報告。已對袁崇煥疑心重重的崇禎皇帝一聽到太監的告發，更加深信不疑，馬上以召見為名，把袁崇煥逮捕下獄。

在後金軍撤離北京後，已經聽不進人言的崇禎皇帝不顧眾人的強烈勸阻，竟以「謀叛」的罪名，將袁崇煥殺害了。這一舉動無異於自送江山。直到清朝中期官修的《明史》問世之後，編史者從清人的歷史檔案中，發現了皇太極施離間計的原始記載，至此袁崇煥的冤案才真相大白。

善用權謀者的成功之處在於在自己處於弱勢時善於守拙，並能及時而密切地關注對方的狀態。同時在各種政治力量之間周旋，利用其矛盾，尋求對自己的支持，最終以弱勝強，登上最高權力的寶座。

實施離間計，關鍵是要找到對方最容易侵入的一個點，將隱患挑成明患，將小嫌隙變成大嫌隙。為了用最省力、最快捷的方式打擊對手，沒有嫌隙也要製造出嫌隙來。

秦國用了八年的時間攻破趙國，其中一個重要原因就是他們制定並實施了正確的戰爭決策——讓燕趙不和，兩個聯盟國進行內耗，然後不惜重金買進吞併自己的競爭對手，然後巧妙利用對手，使之為我所用。

首先來看一開始的燕趙之爭，無論什麼時候，鷸蚌相爭，兩方都不會獲得好處，尤其是在像秦國這麼虎視眈眈的漁翁站在旁邊的時候。而對於秦國來講，燕趙之間的不和，簡直是天賜良機，挑起鷸蚌爭鬥，成了秦國的計謀之一。

在日常生活中，我們都會面對許多對手，但是在細細籌畫之後，就能發現，這些對手雖然都會針對我們，但他們彼此之間也是有利益之爭的。這時，如果可以讓對手彼此爭鬥，陷入一種彼此消耗的境地，那麼對我們來說就是有利了，因此如何巧妙地扮演漁翁的角色，就是我們所要考慮的了。

接著是利用反間計來瓦解敵人。在趙國內部，存在著不同的利益集團，並且在相當長的時間裡，這些集團在彼此爭鬥，形成了內耗的局面。而嬴政正是利用這些爭鬥，用反間計，離間了李牧和趙王，使得趙王自毀長城，將國內最後一位能夠抵抗秦軍鐵騎的將軍除掉了，在替李牧感到惋惜時，我們也得學習嬴政這種離間對手強大自己的計謀。

也正是嬴政這種巧做漁翁，離間競爭對手的計策，使秦國版圖越來越大，實力越來越強，以至獨霸全國。

3 步步為營，化整為零

我們的競爭對手中，有一些實力雄厚的，也許我們一時難以一決雌雄，不能畢其功於一役，這時候，千萬不能操之過急，而應一點點進行較量，用各種途徑蠶食對方，步步爲營，直到實力對比出現轉機，最後一擊成功。

一國不容二主，一山不容二虎。當嬴政在政治上成熟後，他與大權在握的呂不韋之間的鬥爭就不可避免地展開了。年輕的嬴政再一次顯示了權力鬥爭的天賦。

嬴政與呂不韋之間的矛盾，既有統治思想方面的，也有權力方面的，引發矛盾的導火線就是關於嬴政的「後父」問題。

嫪毒在被審訊時，招供說出他進宮之事全是呂不韋的主意，就這樣嬴政抓住了呂不韋的把柄。由於嫪毒事件的敗露牽連到相國呂不韋，嬴政深感呂氏集團對秦國君權的威脅，就打算乘機誅殺呂不韋，一併清除呂氏集團。但是，考慮到呂不韋曾輔佐過先王繼位，再加上為他遊說的賓客辯士紛至還來，均為他說情：「呂不韋輔佐先王，有大功於國，嫪毒供詞，僅是一面之語，不可因此就治呂相國的罪。」經過深刻的利弊權衡後，嬴政覺得呂氏不比嫪毐，呂不韋在秦國有深厚的根基，如果操之過急，反而會搬起石頭砸自己的腳，因此，他暫時按兵不動。

嬴政繼承秦國王位以後，呂不韋的權勢進一步擴大。呂不韋不僅官居相國，而且擁有威望很高的「仲父」尊號。他不但食封大邑十萬戶，而且家奴萬人，財力雄厚，是秦國首屈一指的富翁和政治暴發戶。

當時各國盛行「養士」之風，魏國的信陵君，楚國的春申君，趙國的平原君，齊國的孟嘗君，號稱「四公子」，都有著數以千計的食客，名冠諸侯。呂不韋認為，秦國如此強大，養士反不如關東諸侯，這是秦人的羞恥。於是呂不韋招養門客三千，讓他們每人著寫見聞，然後集論成書，這樣秦國呂氏的書就可包羅天地萬物古今之事，壓倒東方諸子百家之說，這就是《呂氏春秋》。

呂不韋的黃老思想與嬴政的法家思想，是他們政治主張存在分歧的一方面。呂不韋在《呂氏春秋》中主張清靜自定、與民休息，體現出包容諸子百家的氣度。而嬴政則一心追求五霸之業。當他看到韓非的《孤憤》《五蠹》，立即驚呼：「嗟乎，寡人得見此人與之遊，死不恨也！」可以推想，嬴政十分反感呂不韋的那套治國方略。

呂不韋主張「君虛臣實」，君主的任務是給臣子制定明確的職責，放手讓臣子憑他們的智慧和能力各盡其責，實際上是「無為而治」。簡單地說，君主駕車，臣子拉車，各行其是。而嬴政卻是一個事必躬親的人，《史記》《漢書》都有記載，說他做了皇帝依然「躬操文墨，晝斷獄，夜理書」，真是日理萬機，這一點與墨子的主張極為相似。呂不韋主張「無為」，嬴政主張「躬親」，做起事來雙方自然互相抵觸。

呂不韋與嬴政的另一分歧是對國家體制設置的看法。呂不韋主張分封制，秦王政主張郡縣制。呂不韋曾受秦莊襄王封號文信侯，食邑洛陽十萬戶，所以他主張分封制符合自己的利益要求。但呂不韋所主張的分封制與西周的分封制並不相同。呂不韋的分封制是一種遞級分封，他的具體構想是「擇天下之中而立國，擇國之中而立宮，擇宮之中而立廟」，中央宗主國以方圓千里為準，然後四面輻射，形成一個遞相管理的網路。

根據秦代的交通條件、交通工具、通信設施等多方面因素，為了進行有效統治，這倒不失為一個可行的藍圖。但嬴政統一中國之後，實行的全部是郡縣制，可見兩人的政治主張是尖銳對立的。

呂不韋主張賢人政治，而嬴政卻力主嚴法酷刑，這是兩人的又一大分歧。

呂不韋在《呂氏春秋．用民》篇中說：「威不可無有，而不足專恃。威愈多，民愈不用。」嬴政卻專任獄吏，獄吏得以寵幸。

因此，兩人之間這些尖銳的對立，發展到一定階段，必然會反目為仇，勢所難免。對於當時的嬴政來說，統一權力，把權力全部掌握在自己的手中，是他統一天下、唯我獨尊之前，必須要做的事。

儘管呂不韋對嬴政意義重大，可嬴政要完全實現自己的意志，大權如果掌握在呂不韋這樣的人手裡，他是絕對不放心的。因為呂不韋在秦國長期有心經營，以呂不韋的功績、威望和才能，對嬴政權力的威脅非常大。因此嬴政除掉呂不韋是必然的。

除掉嫪毒集團的第二年，即始皇十年，嬴政已經牢牢掌握了國政大權，站穩了腳跟，相國呂不韋的問題也到了必須解決的時刻。嬴政也知呂不韋對先王、自己都有大恩，所以人可以不殺，但權力不能不奪，為了獨攬朝政，他免去了呂不韋的相位，接著又把呂不韋遣出都城，命其回到他河南的封地洛陽居住。

可能是因為呂不韋為秦國所建立的功績，嬴得了人們的尊重；也可能是他所施行的內外政策，獲得了較多的支持和理解，所以，即使呂不韋回到洛陽，仍有享不完的榮華富貴，列國聽說呂不韋回到封地，紛紛遣使問安，爭相授以相位，使者不絕於道。

《史記》中有這樣的記載：「諸侯賓客使者相望於道，請之。」

正是因為這個原因，呂不韋在洛陽的一年時間裡，不斷有諸侯、同僚、下屬、賓客前來拜訪，送禮請安，這當中也不可避免地談論起一些國事。這些情況當然也傳到嬴政的耳裡，嬴政的內心開始不安起來，並且由不安逐漸轉變為焦慮。嬴政看到了呂不韋在關東六國的影響力，覺得呂不韋還有很大能量，擔心呂不韋為其他諸侯國所用，對秦國造成威脅。

聰慧過人的呂不韋自然早就明白嬴政的心思，知道自己面臨的危險。他做事滴水不漏，當然不會讓嬴政抓到任何把柄。究竟怎樣給呂不韋定罪呢？權力鬥爭的天才嬴政自然是有辦法的：史書上的記載是「恐其為亂」，說白了就是「我不放心」。這確實是強詞奪理，但是權力鬥爭的本質就是成王敗寇，主動權在強者的手中。

嬴政親自修書一封，派專使送達，書中說：你有什麼功勞，封賞十萬戶？你與秦國有何關係，號稱「仲父」？秦國給予你的賞賜實在是太多了。逆亂，實由你起，寡人寬恕不誅，讓你安享清福。但你不知悔過自新，又與諸侯私通，實在有失寡人厚望，你與全家遷徙巴蜀，以一城給你養老送終！

呂不韋飲鴆而亡，結束了天才商人的傳奇人生。

呂不韋死後，他的許多賓客偷偷地為他辦理喪事。嬴政知道後，又下令：「凡是呂不韋門下的弔唁者，如原籍為晉地的，逐出河南，迫其遷回原籍；如果是秦地的，凡六百石以上為官者，一律消除爵祿，遷徙房陵。」結果把呂不韋全家男女老少籍沒官府為奴，並大力搜查呂不韋的賓客，有的驅逐出境，有的削奪爵位，有的流放邊郡，同時還宣佈：「從今以後，如果有人再像嫪毒和呂不韋那樣把持國道、圖謀不軌，一律照此例籍沒全家為奴。」

這一年，已是始皇十二年。從此，秦始皇大權獨攬，徹底肅清了自己行使君權的障礙。在排除了後顧之憂後，他就把視線移向了統一關東六國的大業上。

在清除呂不韋的事件中，嬴政真正做到了步步爲營。他一點點，一步步，將呂不韋架空，繼而免職，繼而流放，最終取得了這場鬥爭的最終勝利。

4 避其鋒芒，以逸待勞

軍事戰爭中，殲滅敵人的必要條件就是要有足夠的兵力，如果在自己的兵力不足時，就要儘量避免與敵人直接交戰，養精蓄銳，以逸待勞，在退守中擴充自己的力量，一旦抓住有利時機再英勇出擊。如孔明北伐時，司馬懿自知不敵，就利用這一生存準則，掛一免戰牌在軍營外，以期蜀軍糧草一斷，自然退兵。

同樣，在生意場中，甘願妥協退步不是真正的目的，讓步是爲了養精蓄銳，贏得戰勝對方的時機，因爲只有在休息靜思的時候才能想出奇招，從而使自己獲利。所以，在做事情的時候，有些事情是效率越高越好，但有些事情則需要冷靜思考，這樣才不致亂了方寸而一敗塗地，養精蓄銳是獲得更大利益的前提，特別是在沒有什麼利潤的時候，如果盲目行事，或者與對方硬拚，那麼對事情的發展不但沒有任何幫助，反而會使事情變得越來越糟糕。停下來努力地尋找突破口，等待最佳的時機，再來競爭，才能達到反敗爲勝的目的。

運用此方法達到競爭的勝利，使對方處於困難局面，不一定非用進攻對手的方法，這種計謀的關鍵在於讓自己掌握主動權，在必要的時候待機而動，以不變應萬變，以靜制動，讓對手往自己設好的圈套裡鑽，從而爲自己取得勝利創造機會。以逸待勞不是讓敵人調動自己，而是努力牽著敵人的鼻子走。所以，不可把「待」字理解爲消極被動的等待。

嬴政的鐵騎踏破了韓國的城牆，之後又運用計謀，佔領了趙國的都城，嬴政奪韓滅趙之後，下一個目標便是比楚國稍弱的魏國。

當一切部署完畢，各軍正在集結，整裝待發之際，邊關傳來緊急軍情：原來，屬於韓國的新鄭地區，發生軍事叛亂，秦所任的郡守被殺。因秦在當地駐軍的兵力不夠，請求增援，而該地之所以敢於反叛，是受了僅一水之隔的魏國的慫恿和支援。當尉繚和李斯將這消息向嬴政稟奏時，這位君主不但沒有像往常那樣勃然大怒，反而開顏大笑起來，並說：「新鄭之反恰如其時，真乃天助我也！」尉、李不禁愣住，問他為何對新鄭的叛亂感到高興，嬴政笑著說：「朕原所慮者，魏於我之征伐有所警覺與防範，則不易得手，今我以兵平新鄭之叛，乃域內之事，彼當不予介意。我則可趁平叛之機移師渡河，突襲大梁，攻其不備。由此觀之，新鄭之叛實天助我大秦之際遇也！」尉、李都連連拱手致敬，盛讚嬴政確實是一位天才軍事家。

於是，王賁即率大軍十萬攻打新鄭，很快就平息了叛亂，隨即在黃河西岸駐紮下來，表面上進行平叛後的善後和恢復工作，暗中則窺測一水之隔的大梁城的動靜，準備伺機而動，攻下這座魏國的都城。

正好在這年的冬季，魏國全境下了一場罕見的大雪，雪深二尺五寸，冰凍三尺，白茫茫一片，一望無垠。魏國君臣和軍民都在嚴寒之中向火取暖，或暖閣笙歌，安享榮華，或小爐杯酒，甘守清貧，全然沒有顧及一水之隔的前韓國，現為秦國的領地的動靜。而秦軍正是利用這場大雪，發揚其善於吃苦耐勞、連續作戰的作風，頂風冒雪從西岸的新鄭渡過黃河，把部隊轉移到東岸，對大梁城形成了包圍態勢。到了次年，即始皇二十二年春，正當冰雪消融的時候，秦軍已經在黃河東岸集結完畢，只等令下，便可以開始進攻。

直到這時，魏國才發現自己的國都已經處於二十萬秦軍的包圍中，情況非常危急。當十萬火急的軍情報給魏王假時，他才如夢初醒，趕緊召集群臣，商議抗秦之計。

魏王假最後決定：由大將軍晉升率軍十二萬，都尉魏天驕為副將，即日出城赴戰，將秦軍阻擋在十里以外，一來確保大梁城之安全，二來可供郡、縣增援的部隊在後面布陣設防。

朝議既畢，西門將軍即向各郡、縣派出飛騎傳令，速向國都大梁城發兵增援。

大將軍晉升帶上副將魏天驕，統率十二萬大軍出了大梁城，開赴前線，迎戰秦軍。

秦將軍王賁在大梁城外十來里處擺開圍城的姿勢，但並未貿然進攻，等到探馬回報，知魏軍統帥打的是「晉」字旗號，又立刻放了心，並想出一條妙計，可以兵不血刃而打敗魏軍。

翌日辰時左右，秦軍開出一隊人馬到魏軍陣地前，扎下陣腳，列開旗門，魏軍也趕緊擺出相應的陣勢，準備應戰。但秦軍並不挑戰，只是傳過話來，請主帥到陣前答話。晉升從旗門後探視，看清秦將確實沒有持械，不像準備打仗的樣子，便隨帶一員驃騎兵乘馬走向陣地前沿。秦軍中的王賁將軍也騎馬相向走來，當相距只有兩丈之遙時，晉升忙勒住馬，等待對方開口。誰知王賁並不停步，而是繼續向他走來。晉升忙問道：「將軍有話，請就地講來，怎麼擅入我方陣地？」話音未落，忽見王賁一揚手從袖內飛出一根套索，不偏不倚正好套住他的頸部，他剛要掙脫，早被王賁用力一帶，把他提了過來，正好落在鞍上。這位魏軍將士猝不及防，一下子愣住了，等轉過神來放馬追搶，王賁已經一馬雙跨飛奔入了旗門，隨即飛箭如雨射了過來，魏軍只好退了回去。

王賁不但用兵如神，還巧舌如簧，硬是把晉升說得投了降，而且按照王賁的意思寫了一通號召書，極言秦國將統一天下是大勢所趨，魏國則君幼而無志、昏庸而無能，何必為其作無謂之犧牲……他勸大家非降即散，不必替魏國效死賣命。王賁命軍中書吏抄寫成數千份，向魏軍散發，魏軍果然分崩離析，或降或逃，損失數萬之眾。副將魏天驕趕緊將部隊帶回城裡，不敢應戰。秦軍趁勢銜尾急追，只幾個戰役就兵臨城下將大梁城圍得水泄不通。將軍西門光武與魏天驕多次率軍出城與秦軍拚死決戰，怎奈秦軍已緊緊封住了城門；即使略有退讓，馬上又有後續部隊圍上堵住。從郡、縣來的魏軍救兵還未接近城池就被秦軍擊退，內外不能接應形成陣線，施展不出力量，任憑捨生忘死也徒有犧牲而於救援無益，終於敗下陣來，被困在孤城裡。魏軍雖然突圍不出，但大梁城堅固厚實，秦軍也很難攻入，僵持狀態延續了三月之久，王賁為此很是著急！

到了夏季，出現了經久不停的陰雨，河水猛漲，大梁城被水包圍著，這使王賁想起了以前趙、楚兩國都曾採取水淹的辦法打敗魏國，便下令從護城壕向內挖掘，向外決堤引水。八萬將士鎬钁翻飛，鋤鍬競舉，日夜不停，輪番操作，只幾天工夫就把城牆挖通了，堤的決口處引來的黃河水濁浪翻騰，狂沖猛泄，大梁城浸水深丈許，人們都爬到屋頂上，無法作炊，啼饑號寒，其狀甚慘，縱有十萬守軍也無法衝鋒陷陣了。魏王假只得捧著降書，領著群臣，大開城門向秦軍投降。至此，魏國滅亡，時間是在秦始皇二十二年夏。

養精蓄銳，可以安逸地等待疲憊的敵人，而予以痛擊則可勝利，就像穩坐網中的蜘蛛，以逸待勞地等候獵物上鉤。只有學會養精蓄銳，才能使自己保持旺盛的鬥志和生命力。每一位渴望成功的人，做事時一定要事事小心，不要濫用精力，不要以爲到處出擊就會有收獲，而應當以謀略戰勝對方，這樣才能獲得更大的成功。

5 將計就計，環環相扣

「將計就計」是謀略中的高級謀略，是對敵方謀略的利用，可以說是計中計。一方設計了某個計謀，對方看破之後，佯裝不知，利用敵方的計謀反過來把敵方裝進陷阱裡，這就叫「將計就計」。

將計就計的關鍵，在於先要瞭解敵人的計謀，看破對手的企圖，然後假裝糊塗，表面上好像中了對手的計策，實際上暗中另有一計，把敵方裝進去。

韓國阻擋在秦國東進南下的路口，成為秦國首先要兼併的國家。韓國自誇「強弓勁弩皆在韓出」「天下寶劍韓為眾」，雖然韓國擁有天下的神兵利器，卻不具備手握神兵利器征伐四方的實力，這些所謂的神兵利器早晚會被秦國奪取。

秦國曾經多次攻伐韓國，攻城掠地不在話下，卻始終不能滅亡韓國。那時天下強弱之勢還不甚明顯，韓國依託六國之力還能勉強與秦國周旋。當秦國通過合眾連橫、遠攻近交之策拆散六國的聯合之後，韓國就失去了固守的依託。六國內鬥不斷，更不能同心協力共抗強秦，強弱之勢已經明朗。秦國向諸國放出興兵滅韓的消息，在氣勢上恫嚇諸國，韓國不甘就此滅亡，於是想出一招自救之計。

「兵者詭道也，以正合，以奇勝。」韓國依靠正常的戰略戰術難以抵擋秦國攻伐，只能出奇制勝。韓惠王策劃了對秦國施行「間諜」戰，希望能從內部將秦國攻破。然而這場間諜戰不僅沒有對秦國造成破壞，還為秦國的強大貢獻了力量，成了間諜史上最大的敗筆。

為拖住秦國前進的步伐，水工鄭國作為韓國的「救命稻草」被韓惠王派往咸陽，鄭國建議秦國興修大型水利工程，行「疲秦之計」消耗秦國的力量。

秦國廣有關中八百里秦川，本該沃野千里，國富民強，因為沒有完善的灌溉系統，關中百姓依然靠天吃飯。開發關中的田地一直是秦國最想解決的事情，水工鄭國來投可算是正中秦國下懷。因此鄭國的「間諜」活動出奇的成功，得到秦國君臣的優待。在嬴政和呂不韋的支持下，鄭國從涇河開渠引水入關中之地，此渠正式動工，百萬勞工忙碌於水渠之上，千擔糧草消耗在工地之中，為韓國在一定程度上拖住了秦軍的進攻步伐。

然而好景不長，鄭國被人舉報，為韓國行間諜之謀。面對憤怒的嬴政，鄭國只一句話就保住了性命，他說：「始臣為間，然渠成亦秦之利也。臣為韓延數歲之命，而為秦建萬世之功。」

鄭國受韓王所托，在秦國搞間諜活動，行疲秦之計，不幸被秦國識破。嬴政本該對這種居心不良之徒處以重罰，只因鄭國所言，嬴政寬恕了鄭國，並命其繼續完成對秦國有萬世之功的灌溉系統。此渠後來被命名為「鄭國渠」，可算是無心插柳之舉。

嬴政冷靜的舉動，體現出了他的氣魄和遠見。他作為一個英明的君主，絕對不能逞一時之快，意氣用事。嬴政能饒恕鄭國，並將計就計，因為韓國的疲秦之計，對秦國有巨大的好處。

韓王用大型工程拖住秦國的方法是可行的，如果能成功引誘秦國將國力消耗到幾乎無回報率的地方，對六國來說確實是一件好事，錯就錯在，韓國所選擇的項目不科學。

秦國兼併天下，除了智慧謀略、民心士氣以外，最需要的就是糧草。百姓勤勞，君主英明，卻不能改變關中之地鹽鹼、乾旱的困境，關中之地缺乏灌溉系統，嚴重阻礙了糧食產量，鄭國渠的修建，對秦國來說雖然耗費人力、物力巨大，卻是功在當代、利在千秋的好項目，如此一本萬利的買賣嬴政當然會堅持做下去。

經過十年時間，鄭國渠終於完工，嬴政容忍了一個鄭國，卻換來了秦國的關中糧倉。從此，秦國南有都江堰，北有鄭國渠，旱澇保收，再無糧食上的憂慮。秦國大軍免除後勤保障的困擾，將兵鋒再次指向關東六國。

韓國的疲秦之計在嬴政的有效運作中反而變成強秦之策，鄭國渠的修築對秦國來說是錦上添花，對於六國而言卻是雪上加霜，韓國最終還是沒有逃脫成爲秦國第一個要消滅的對象。

人生有時就是一個九連環，一環扣著一環，當發現對手的意圖時，將計就計有時反而會收到不錯的效果。

赤壁大戰後，劉備佔領了荊州，周瑜多次派人討還都未成功，於是惱羞成怒。這時，恰好劉備死了甘夫人，周瑜心生一計，決心回荊州。他連夜寫信一封，叫魯肅乘快船到南徐去見吳主孫權，密報計謀。

原來，孫權有一妹妹尚未婚嫁。周瑜便趁劉備喪夫人之機，假意把孫權的妹妹許配給他，但要他過江到南徐入贅完婚。一旦劉備過江，便把他軟禁起來作為人質，再向諸葛亮討還荊州。

孫權聽了周瑜的計謀後，心想反正也不是真的將妹妹嫁給劉備，也不用稟報母親，於是便同意了，並派呂范過江說媒。

呂范過江說明來意後，劉備便找來諸葛亮商量。劉備怕是周瑜用計來害他，諸葛亮卻說可以將計就計，既賺了孫權妹妹做夫人，又可以使荊州萬無一失。劉備將信將疑，諸葛亮叫他放心前去，只需趙雲帶五百士兵護衛即可。

臨行前，諸葛亮給趙雲三個錦囊，叫他到時候依次打開，按囊中之計行事。

到了南徐，趙雲打開第一個錦囊看了，便一方面安排五百個士兵披紅掛彩，分別到南徐城中購買結婚禮品，逢人便說劉皇叔入贅東吳與吳侯妹妹結親，弄得滿城家喻戶曉，人人盡知。另一方面又請劉備立即去拜見孫權與周瑜二人的岳父喬國老，告訴他自己前來娶親之事。

喬國老見過劉備後便立即去見孫權的母親吳國太，向親家賀喜。吳國太一點也不知道這事，聽喬國老說後大吃一驚，叫人到城中去打聽，原來已是眾所周知，只瞞了國太一人。國太大怒，把孫權叫來責問。孫權只好如實稟報，說是周瑜的計謀，並非真正要嫁妹妹。殊不知國太聽後竟大罵起周瑜來，「你周瑜做了六郡八十一州的大都督，自己無能去取回荊州，卻把我的女兒拿來做美人計的誘餌！殺了劉備，不是讓我女兒不出門就守寡了嗎？現在滿城風雨，人人都已知道這件事，你讓我女兒今後怎麼能夠再去說親？你們到底安的是什麼心呢！」

喬國老也在一旁幫腔，說即使靠這樣的計謀奪回荊州也不光彩，讓天下人恥笑。不如來個將錯就錯，假戲真做，真的把劉備招為女婿算了。好在劉備是漢室宗親，當世豪傑，倒也不辱沒了小姐。

孫權有苦說不出，只好聽憑二老安排，國太見過劉備後非常滿意，一手操辦了婚禮。以後又處處護著愛婿，加上有諸葛亮的第二、第三條錦囊妙計，終於使劉備帶著孫夫人安全回到荊州。周瑜親自率軍去追趕，又落入諸葛亮設下的埋伏圈內。周瑜敗回江上，漢軍兵士在岸上齊聲高喊：「周郎妙計安天下，賠了夫人又折兵。」

氣得周瑜大叫一聲昏倒船上，不省人事。

諸葛亮是將計就計的高手，就是敗在他手下的周瑜，其實也是精於此道的。他利用蔣幹行反間計破曹操，不就是將計就計嗎？

要想將計就計，首先得識破對方的計謀，知道他的意圖所在，然後才能「就計」而行，戰勝對手。當然，「就計」的風險很大，深入虎穴，弄不好被對方反過來識破，則很難有生還的可能。

第六章

借力使力，他山之石可以攻玉

秦始皇借助九鼎的公信力，借勢生風，使自己侵吞六國的行動逐漸走向正軌。他果斷地順應歷史的大趨勢，攻無不克，所向披靡，一舉拿下了六國。

1 為自己尋找一面「旗幟」

欲成事，先借力。借力借勢，往往更容易成事，即使萬事俱備，沒有好的東風也不易有大的作爲。善於運用博弈之道、借力而上的人，面對困難挫折也能輕易克服，實現大飛躍。能夠爲自己成事找一個好的藉口和名義，借著這面旗光明正大地活動，自然更加方便。秦國正是抓住了西周攻打自己的機會，趁機將其消滅，奪了九鼎，讓自己攻打其他諸侯名正言順。

九鼎——相傳為夏禹所鑄，象徵九州，是由九州上貢的銅所鑄造，一直受國家保護，夏、商、周時期都將其奉為國寶，擁有九鼎者就為天子。

西元前二五六年（秦昭王五十一年，周赧王五十九年），攻伐趙國邯鄲的秦軍，繼續向韓、趙發動攻勢。值此之際，東方各國又發動聯合抗秦。在韓、趙等國的影響與脅迫下，不識時務的西周公也捲入這次活動。聯軍打著周王的旗號，合縱抗秦，秦昭王大怒。秦國早就想在地圖上抹去西周，儘快掃除統一天下的障礙。西周參與反秦，正好給秦國出兵以口實。

西元前二五六年（秦昭王五十一年，周赧王五十九年），秦兵攻打西周，周赧王聽西周公之言，以西周三十六城、三萬戶降秦，秦王將周赧王貶爵為君，西周公為家臣，封於梁城。周赧王至梁城一月而死，國除，置九鼎於咸陽（途中一鼎落於泗水，所以秦國只得到八鼎，但習慣上仍稱九鼎）。

自次年起（秦昭王五十二年，西元前二五五年）史家以秦王紀年。西元前二五五年，九鼎遷秦，意味著秦王將為天下共主，可以名正言順地討伐各諸侯國。由此，秦國開始了大肆征伐其他各諸侯國的歷程。

嬴政親政後，聽取李斯進獻的滅六國的建議，著手規劃統一六國的大業。其總的戰略方針，就是由近及遠，集中力量，各個擊破，先北取趙，中取魏，南取韓，然後再進取燕、楚、齊。

西元前二二九年，秦利用趙國發生大地震和大災荒的機會，又派王翦領兵攻趙。趙國派李牧、司馬尚率兵抵禦，雙方相持了一年。在緊要關頭，秦國使出殺手鐧——離間計。王翦用重金收買趙王寵臣郭開，要他散佈李牧、司馬尚企圖謀反的流言。趙王輕信謠言，派人替代李牧。李牧在大敵當前的形勢下不讓兵權，趙王竟暗地派人逮捕李牧並處死了他，同時還殺掉了司馬尚。

殺死李牧，無疑為秦軍亡趙掃清了道路。此後，秦軍如入無人之境，攻城掠地，痛擊趙軍。西元前二二八年（秦始皇十九年），秦軍攻破邯鄲，這座名城落入秦國之手。不久，出逃的趙王遷被迫獻出趙國的地圖降秦。這時趙國實際上已經滅亡了，但是公子嘉卻帶著一夥人逃到代郡，自立為王。後秦軍在西元前二二二年滅燕國之後將其俘虜。至此，秦統一了北方。

西元前二三一年，魏景湣王迫於秦國的強大威力，主動向秦獻出麗邑，以求緩兵。此時，嬴政正調集兵力準備向趙國發起總攻，不想分散兵力攻魏，就接受了獻地，這使得魏國又維持了數年殘局。西元前二二五年（始皇二十二年），就在秦軍主力南下攻楚之時，嬴政派出年輕將領王賁，率軍圍攻魏都大梁。魏軍緊閉城門，堅守不出。由於大梁城防經過多年修建，異常堅固，秦軍強攻不下，王賁想出了水攻的辦法。秦軍大批士卒被安排去挖掘管道，將黃河、鴻溝的水引來，灌注到大梁。三個月後，大梁的城牆壁壘全被浸坍，魏王假只得投降。魏國滅亡了。

嬴政首先選擇的攻擊目標為趙國。因為趙國的實力在六國中最強，是秦國走向統一道路的最大障礙。秦軍屢次進攻趙國，均被趙國擊退。在用主力進攻趙國的同時，秦對韓採取扶植親秦勢力以逐步肢解的策略。西元前二三一年，韓國南陽郡「假守」（即代理郡守）騰，向秦獻出他所管轄的屬地。騰被秦王政任命為內史，後又派他率軍進攻韓國。騰對韓國瞭若指掌，所以進展順利。秦軍於西元前二三〇年

（始皇十七年）俘獲韓王安，韓國滅亡。

在滅趙的過程中，秦國大軍已兵臨燕國邊境。燕王喜惶惶不可終日，眼見秦國掃平三晉，就要向自己殺來，卻無計可施。燕太子丹最終想出了孤注一擲的暗殺行動，即荊軻刺秦王。時值西元前二二七年，刺殺行動失敗，但是嬴政差一點兒死於荊軻的匕首下，他深恨燕國，立即增兵大舉進攻。

西元前二二六年，秦軍攻下燕都薊，燕王喜與太子丹逃亡遼東郡。秦將李信率領秦軍數千人，窮追太子丹至衍水。太子丹因潛伏於水中倖免於難。後來，燕王喜經過權衡利害關係，派人將太子丹殺掉，將其首級獻給秦國，想以此求得休戰，保住燕國不亡。燕王喜逃到遼東以後，秦軍主力就調往南線進攻楚國。西元前二二二年，王賁奉命攻伐燕國在遼東的殘餘勢力，俘獲燕王喜，燕國徹底滅亡。

南方大國楚國，疆域遼闊，山林茂密，物產豐富，號稱擁有甲士百萬。但是，楚國的內政一直不振，總是貴族爭權奪利，這種狀況到戰國末期尤為嚴重。西元前二二八年，楚幽王死，統治集團發生內訌，幽王的同母弟猶，即位為哀王，但僅兩個多月，就被異母兄負芻的門徒殺掉了。負芻成為楚王，楚王室更加分崩離析。

就在楚國發生內亂的時候，西元前二二六年，嬴政不失時機地從北方伐燕前線抽調秦軍，南下攻楚，連續奪得楚國十餘個城池。西元前二二四年，秦國與楚國的決戰就要開始了。嬴政先派年輕將領李信率二十萬秦軍攻楚，被楚軍擊敗，後又派大將王翦率六十萬秦軍攻楚。

王翦入楚境後，並未馬上發動攻勢。他總結了李信輕敵冒進的教訓，採取屯兵練武、堅壁不出、麻痹敵人、以逸待勞的戰略。這樣，度過了一年多的時間，秦軍對楚地的情況基本適應，士氣高昂，體力充沛；同時，被調來抗擊秦軍的楚國部隊，鬥志漸漸鬆懈，加上糧草不足，準備東歸。楚軍一撤，王翦就抓住時機下令全軍出擊。

秦軍一舉打垮了楚軍的主力，並長驅直入，挺入內地，殺死楚軍統帥項燕。接著，秦軍攻佔楚都壽春，俘虜了楚王負芻，楚國滅亡，時為西元前二二三年。西元前二二二年，剛在南方滅楚的大軍，又乘勝征服了百越之地，設置會稽郡。於是，長江流域全部併入秦的版圖。

西元前二二一年，嬴政命令王賁揮戈南下，攻打東方六國中的最後一個國家——齊國。從春秋到戰國中期，齊國是山東諸國中比較強大的一個。但是，西元前二八四年，燕、趙、韓、魏、楚五國攻齊，尤其是燕將樂毅橫掃齊國，令齊國差點亡國。之後，齊國一直沒有復強。

此時的齊王建是個無能之輩。母親健在時，他依賴母親；母親臨終前，他還死皮賴臉地要母親寫下可以輔佐他的大臣的名字。西元前二四九年（齊王建十六年），剛毅不屈的君王后逝世，后勝任宰相。秦國迅速展開收買內應的活動，向后勝饋贈大量的黃金、玉器。后勝得了秦國的好處，就派出大批賓客相繼赴秦。秦國又對他們大肆賄賂，送給金錢、珍寶，讓他們回齊國充當內應。這批人從秦國回來後，就積極地製造親秦的輿論。他們說齊王建應西去朝秦，以表歸順；又說齊秦是姻親，根本不用備戰抗秦，也不要幫助三晉、燕、楚攻秦。正是在這種情況下，王賁南下伐齊，幾乎就沒有遇到過什麼抵抗。王賁率軍長驅直入，來到臨淄，齊王建與后勝馬上向秦不戰而降，齊國就此滅亡。

至此，秦國走完了削平群雄、統一六國的最後一程。

成就事業，有所作爲，猶如一場博弈之戰。成功與否，不僅在於自身的實力和智慧高低，有些時候也是爲自己尋找一面更加有力的旗幟，壯大自己的威風，成功的把握可以更大。

嬴政借助九鼎的公信力，借勢生風，使自己侵吞六國的行動逐漸走向正軌。他果斷地順應歷史大趨勢，攻無不克，所向披靡，一舉拿下了六國。

中國古代有一句成語，叫做「要想打鬼，借助鍾馗。」打鬼借助鍾馗，確實是一個十分高明的借力手段，因爲一方面，鬼怕鍾馗；另一方面，誰有了鍾馗，誰就掌握了打鬼的優勢與主動權。

春秋時鄭莊公在位時，就曾以王師的名義伐衛，引來齊、魯等大國派兵前來救助。鄭莊公的幾位繼承人，也都抓住「勤王」這面旗幟，其中最有作為的厲公曾挾「勤王」之功以爭雄於諸侯，只因壽命所限，功虧一簣。

齊國在管仲的治理下，經濟、軍事力量都雄厚起來，並且，在諸侯中也有了一定的地位。與此同時，周王室已日薄西山，氣息奄奄，再也沒有太多的遵從聽命的必要了。於是，齊國調整其爭霸謀略，將「奉天子以令諸侯」調整為「挾天子以令諸侯」。

齊桓公北杏主盟時，遂國沒有到會，魯國也有些不服，齊桓公便率軍將遂國滅掉了，魯國因此感到威脅，於西元前六八一年冬天同齊在柯地結盟。而魯與宋又是對頭，宋見魯國與齊國盟好，很不高興，便破裂了與齊的關係。

西元前六八〇年，齊桓公聯合陳、曹伐宋，並請周王室派軍相助，周王派王臣單伯來到齊軍中，表示對齊桓公的支持。鄭國見周王支持齊國，便也加入了對宋國的戰爭。於是，齊桓公正式打出天子的旗號，率諸侯大軍伐宋。這是繼鄭國之後，再次打起「挾天子以令諸侯」的旗號。

齊桓公率兵到達宋國邊界，與眾臣商議攻宋之策。大夫寧戚說：「主公現挾天子以令諸侯，破宋並不困難。但以臣愚見，以威取勝不如以德服人，臣願意憑三寸之舌，前去勸宋公求和。」齊桓公答應了這一建議，派寧戚等數人一同前往宋都。

寧戚見到宋公，對其曉以利害說：「現在天子失權，諸侯爭鬥不斷，齊侯恭奉王命，與諸侯結盟，而你們卻出爾反爾，天子非常生氣，因此派遣王臣率領諸侯來向你們討罪。如今王師壓境，不待交戰，我已知勝負了。」宋公向寧戚請教辦法，寧戚表示，願引薦與王師講和。

在多國軍隊的壓力下，宋國向齊求和。西元前六七九年春，齊、魯、宋、衛、陳、鄭在衛國的鄄城相會，齊桓公主盟為諸侯長，這時，齊國的霸主地位才真正確立。

挾天子以令諸侯，代天子而行威權，內尊王室，外攘四夷，於列國之中扶助衰弱者、壓制強橫者，討伐昏亂不聽命者，是奪取政治上主動地位的重要王牌。

做事情，尤其是做大事，一定要借助一種招牌，或者說打著一種旗號，而這種招牌和旗號的名聲必須是響亮的，表面的威信必須是公認的，這樣才能感召眾生，得到擁護。

對於現代社會的競爭者來說，要想成就一項事業，就必須正確認識和對待借力這一底牌的力量和作用，正視權威人物，想辦法贏得其支持，這樣就可以少走許多彎路，否則就會在實踐中碰壁、吃苦、跌跟頭。

2 萬事俱備，巧借「東風」

「萬事俱備，只欠東風」這句話每個人都很熟悉，出自「火燒赤壁」這個典故。在我們現實生活中也是這樣，在做一件事情時，大部分都準備好了，但就是差那麼一股「東風」。這時，如果就因爲差「東風」就放棄，是不是太可惜了？在這種情況下，只有學會「借」，事情才會出現轉機，問題才能解決。

荊軻行刺之舉，嬴政想起來就深感後怕，若不是上蒼眷顧自己，恐怕自己已成為荊軻的刀下鬼。同時他感到無比憤怒，決定要對燕太子丹的行為予以無情的報復。為了統一天下，嬴政早就有了滅掉燕國的打算，只是被其他的國事耽擱，荊軻刺秦王給秦國滅燕找到了最好的藉口。

西元前二二七年，暴怒之下的嬴政一聲令下，命王翦、辛勝領四十萬大軍攻打燕國。

王翦率大軍圍攻燕國都城薊，奄奄一息的燕國只得逃亡代地聯合自立為王的趙太子嘉，憑藉易水和易水以西的山地為屏障設置防線，抵禦秦軍的進攻。然而，儘管憑藉易水天險，燕軍還是沒有擋住秦軍正面攻擊和側翼迂迴配合的攻打，在易水河邊遭到慘敗。

西元前二二六年十月，秦軍在王翦的率領下攻陷燕都薊。太子丹的燕軍幾乎沒有做像樣的抵抗，便大舉退向了北方山野。王翦當機立斷，派前軍大將李信率五萬鐵騎追殺太子丹，留下主力立即佔據薊城，安定民治。

始皇二十一年十月，薊城失陷，燕王喜與太子丹退守遼東。逃到遼東以後，燕王喜覺得這件事是太子丹引起的。燕王喜採納代王趙嘉的意見，主動將太子丹的首級獻給秦國，希望能夠緩解嬴政的憤怒，讓燕國苟延殘喘。但他不知道秦國滅燕是既定方針，是大勢所趨。

始皇二十五年，嬴政發動軍事行動，派王賁為將，統率重軍，揮師北上，攻取遼東，俘獲燕王喜，燕國滅亡。

發動戰爭需要一個名正言順的藉口。荊軻刺秦行為徹底激怒了嬴政，為嬴政攻伐燕國提供了口實，嬴政派出大將王翦揮師東進，直逼燕國。

曹操統一北方後，於西元二〇八年，率領大軍南下，進攻劉表。他的人馬還沒有到荊州，劉表已經病死。他的兒子劉琮聽到曹軍聲勢浩大，嚇破了膽，沒開戰前就派人投降了。

這時，駐守在樊城的劉備聽到曹操大軍南下，決定把人馬撤退到江陵。荊州的百姓聽說劉備待人好，有很多百姓切實地感覺到了劉備的寬厚，都願意跟著他一起撤退。

曹操趕到襄陽以後，聽說劉備撤退到江陵，又打聽到劉表在江陵積了大批軍糧，怕被劉備占去，就親自率領五千輕騎兵追趕劉備。劉備的人馬帶了兵器、裝備，還有十幾萬百姓跟著他，每天最多也只能行十幾里路。曹操的騎兵一天一夜就趕了三百多里，很快就在當陽長阪坡追上了劉備。

追上以後，免不了一場戰鬥，劉備的人馬，被曹操的騎兵衝殺得七零八亂，還虧得張飛在長阪坡抵擋了一陣。劉備、諸葛亮才帶著少數人馬擺脫追兵；但是往江陵的路已經被曹軍截斷，只好改道退到夏口。

江陵被曹操佔領以後，繼續沿江向東進軍，很快就要到夏口了。諸葛亮對劉備說：「形勢緊急，我們只有向孫權求救這一條路了。」

當時因為孫權怕荊州被曹操佔領，派魯肅來找劉備，勸說他和孫權聯合抵抗曹軍。諸葛亮就跟魯肅一起到柴桑去見孫權。

見過孫權後，諸葛亮說：「現在曹操攻下了荊州，馬上就要進攻東吳了。將軍如果決心抵抗，就趁早同曹操斷絕關係，跟我們一起抵抗。要不然乾脆向他們投降，如果再猶豫不決，就要大禍臨頭了。」

聽了這話，孫權後問道：「那麼，劉將軍為什麼不投降曹操呢？」

諸葛亮一臉嚴肅地說：「劉將軍是皇室後代，才能蓋世，怎麼肯低三下四去投降曹操呢？」

聽諸葛亮這麼一說，孫權也激動地說：「我也不能把江東土地和十萬人馬白白地送人。不過劉將軍剛打了敗仗，還有能力抵抗曹軍嗎？」

諸葛亮說：「這你就不用擔心了，我家主公雖然敗了一場，但是還有水軍兩萬。曹操兵馬雖然多，卻是遠道追來，兵士也已經筋疲力盡。再說，北方人不習慣水戰，荊州的人對他們不服。只要我們同心協力，曹軍必為我們所破。」

聽過諸葛亮的這一番分析，孫權心裡挺高興，就立刻召集部下將領，討論抵抗曹操的辦法。

恰在這時，曹操派兵士來下戰書。那信上說：「我奉大漢皇帝的命令，領兵南征。現在我準備了水軍八十萬，願意和將軍較量一番。」

孫權把這封信給部下們一一看了看，大夥兒看了都刷地變了臉色，說不出話來。

在東吳官員中，張昭是資格最老的，他說：「曹操用天子的名義來征討，我們要抵抗他，道理上輸了一招。再說，我們本來想靠長江天險，現在也靠不住了。曹軍佔領了荊州，又有上千艘戰船，他們水陸兩路一起下來，無論怎樣我們也不能擋抗住，看來只有投降了。」

張昭此話一出，馬上有不少人附和，只有魯肅在旁邊冷眼旁觀，一聲不吭。

孫權聽著聽著，覺得不是滋味，就走出屋子，魯肅也跟著出來。孫權拉著魯肅的手，說：「你說說，這怎麼辦才好？」

魯肅說：「剛才張昭說的話不能信，要說投降，我魯肅可以投降，將軍就不可以。因為我投降了，大不了回老家去，照樣跟名士們交往，有機會還可以當個州郡官員。將軍如果投降，那麼江東六郡全都落在曹操手裡，您怎麼辦？」

孫權歎了口氣說：「剛剛聽過大家說的話，太讓我失望了，只有你說的合我的心意。」

散會以後，魯肅勸孫權趕快把正在鄱陽的大將周瑜召回來商量。

周瑜剛到柴桑，孫權就又召集文武官員討論。周瑜在會上慷慨激昂地說：「曹操名為漢朝丞相，其實是漢室奸賊。這次他自己來送死，無論怎樣也不能投降。」他給大家分析了曹操許多不利條件，認為北方兵士不會水戰，而且老遠趕到這陌生地方，水土不服，一定會生病。兵馬再多，能作戰的又有多少呢？

孫權聽了周瑜的一番話，膽也壯了。他站起來拔出寶劍，「豁」的一聲，把案几砍去一角。他嚴厲地說：「誰要再提投降曹操，就跟這案桌一樣！」

當天晚上，周瑜又單獨去見孫權，說：「我已經打聽清楚。曹操兵馬號稱八十萬，這是虛張聲勢，其實只不過二十幾萬，其中還有不少是荊州兵士，不一定會真正為他打仗，您只要給我五萬精兵，我就一定能把他打敗。」

第二天，孫權任命周瑜為都督，撥給他三萬水軍，命他與劉備同心協力共抗曹軍。

周瑜領著軍隊進軍前行，在赤壁和曹軍前哨碰上了。果然不出周瑜所料，曹軍兵士很多人不服水土，已經得了疫病。雙方一交鋒，曹軍就敗下陣來，被迫撤退到長江的北岸。周瑜率領水軍進駐南岸，和曹軍隔江遙遙相對。

曹操吃了一場敗仗，便緊急任命投降的荊州將軍蔡瑁和張允訓練北方士兵學習水上作戰，初見成效。為孫權統兵的都督周瑜擔心曹軍在蔡瑁、張允的訓練下，學會在水上作戰，於是巧妙地使用離間計，曹操中計上了當，誤信蔡瑁和張允是潛伏在曹軍的奸細，把兩個人全都殺了。

周瑜與劉備的軍師諸葛亮商議攻擊曹軍方法，覺得曹操人馬眾多，軍容整齊，如果正面交戰，孫劉聯軍無法取勝，於是他們決定採取火攻，而且安排好了一系列的計策。周瑜與黃蓋又商量用苦肉計設計曹操。

一天，周瑜召集手下大將商量進攻曹操，老將黃蓋認為對方太強大了，不如乾脆投降。周瑜大怒，命令手下打了黃蓋五十軍棍。黃蓋被責打後，派人送信給曹操，表示要投奔曹操。而這個時候，埋伏在周瑜軍營裡的曹軍奸細也傳回周瑜責打黃蓋的資訊，曹操以為東吳將領害怕他，對黃蓋的假投降，一點也沒懷疑。

這時，名揚天下的軍事家龐統也去拜見曹操，曹操高興異常，立刻向龐統請教一個他正發愁的問題。原來曹操的士兵都是北方人，不會水戰，而且對南方水土不服，經常生病。

龐統說：「這個問題並不難，只要把大小船隻搭配，把三十艘或者五十艘船，頭尾相連，用鐵索鎖住，上面鋪上木板，就可以了。」

曹操信以為真，連忙依他所言行事。果然，曹操的戰船用鐵鎖相連後，沖波激浪，一點也不顛簸。兵士們在船上使槍弄刀，如同在陸地上一樣，一點也不覺得暈眩。曹操大喜，可是有一謀士卻說：「戰船連鎖固然是好，但如果對方用火攻，怕難以逃避。」

曹操聽了哈哈大笑，說：「不必擔心。我們在北邊，他們在南邊。現在是冬季，只有西北風，根本不會有東南風？他們如果用火攻，豈不是燒了自己？」大家都誇曹操有見識，所以都放鬆了警惕。

這也正是周瑜所擔心的問題，為了這個問題，周瑜急得口吐鮮血，不知該怎麼辦才好。然而，諸葛亮由於家住赤壁不遠的南陽，對赤壁一帶天氣氣候規律的認識，比曹、周兩人更深刻、更具體。西北風只是氣候現象，在氣候背景下可以出現東風，這是天氣現象。在軍事氣象上，除了必須考慮氣候規律之外，還須考慮天氣規律作為補充。當時，諸葛亮根據對天氣氣候變化的分析，憑著自己的經驗，已準確地預報出出現偏東風的時間。但為糊弄周瑜，他卻設壇祭神「借東風」。

十一月的一個夜晚，果然刮起了東南風，而且風力很大。

這時，曹操收到黃蓋派人送來的信，約好來投降。曹操帶了將領站在船頭等候，果然看見黃蓋領著十多支小船，順風駛來，非常得意。黃蓋叫兵士偷偷地準備好十艘大船，每艘船上都裝著枯枝，澆足了油，外面裹著布幕，插著旗幟，另外又準備一批輕快的小船，拴在大船船尾上，準備在大船起火時轉移。十幾隻小船趁著風勢，很快就到了曹操的戰船前。曹軍水寨的將士聽說東吳的大將來投降，正紛紛擠到船頭看熱鬧。黃蓋手一招，小船頓時燃起大火，原來船上全是柴草油脂等易燃之物。著火的小船借著東南風，直撞入曹操的戰船營裡，曹操的戰船立刻著火，因相互被鐵鍊鎖住，無法脫逃，登時成了一片火海。曹操急忙棄船上岸，誰知岸上屯放糧食的軍營也被周瑜事先埋伏的士兵燒了。周瑜一看北岸起火，馬上帶領精兵渡江進攻。他們把戰鼓擂得震天響。北岸的曹軍不知道後面有多少人馬進攻，而且他們的營寨也被全部燒毀了，士兵們都嚇得四散而逃。

曹操拖著殘兵敗將向華容的小路上逃跑。那條小路全是水窪泥坑，騎兵沒法通過。曹操趕忙命令老弱兵士找了一些稻草鋪路。他帶著騎兵不好容易才通過，可是那些填鋪稻草的兵士，卻被人馬踩死了不少。

劉備和周瑜一起，分水陸兩路緊緊追趕，一直追到南郡，曹操的幾十萬大軍戰死的加上得疫病死的，損失了一大半。曹操只好派部將留守江陵和襄陽，自己帶兵回北方去了。

經過這場赤壁大戰，三國分立的局面已經基本形成。

俗話說得好，「借力發力不費力」。懂得借力發力的人，就能夠以小博大，以弱勝強，以柔克剛，四兩撥千斤。所謂的「借力使力」，就是利用契機，再加上自己的力量，發揮「相乘效果」，一舉獲得成功。

3 「借刀殺人」，剷除障礙

「借刀殺人」的核心就是製造矛盾，利用矛盾，借用別人的外部力量來幫助自己，假借他人除掉對手，做到「殺人不見血，見血非英雄」。

借刀講究方法和藝術，不能露出任何蛛絲馬跡；所借之刀一定要鋒利，否則殺人不成反而會殃及自身。

嬴政雖已繼位，可是對於他的王位還有一個潛在的威脅人物，那就是他的弟弟長安君。

本來按照常理，嬴政是長子，各方面都出類拔萃，無可挑剔，別人看來，準太子之位非他莫屬。但是，嬴政從三歲起就與父親分開，趙姬與異人疏遠很多，感情也淡漠了。而長安君成嶠從小在父親身邊長大，乖巧可愛，就是一個傻子也看得出來異人對成嶠的疼愛比對嬴政多。最終，莊襄王還是立嬴政為太子，並使其順利地登上王位。

後來，嬴政又任命年僅十七歲的成嶠當上了將軍。但在不久之後，秦國上下謠言四起：「嬴政不是異人的兒子，而是呂不韋的兒子。所有的一切，都是呂不韋一手策劃的篡君奪國的陰謀，照這樣看來，秦國就不應該叫秦國了，改名為妖國倒再合適不過。」

這對秦國其他人倒無所謂，可對成蟜卻大不一樣，他可是莊襄王的親生兒子。如果嬴政確實是呂不韋的兒子，那他就是真正的太子。剛開始，有人對成蟜說嬴政其實是趙姬和呂不韋的私生子後，成蟜對此嗤之以鼻，認為純粹是無稽之談；可當他身邊的人都在說這件事情後，不管它是不是真的，他都會被左右視聽。

從此以後，他開始暗中籠絡士人，尋找能人志士為自己奪取大秦江山出謀獻策。可他萬萬沒想到，他的一舉一動都被呂不韋在暗中盯著，呂不韋決定除掉他，因為成蟜是嬴政唯一的弟弟，可以和他爭奪王位的人。

西元前二三九年，嬴政二十歲，他的弟弟成蟜接到命令——率軍攻打趙國。成蟜雖然是將軍，但從來沒帶兵打過仗，這次出征讓他心裡非常高興，他要打個漂亮仗，證明自己不比嬴政差，他甚至有些感激哥哥嬴政給他的這個機會。

但成蟜把事情想得太簡單了，完全沉浸在喜悅中的他，把謀士的話都當成了耳邊風。他沒想到這完全是呂不韋的陰謀，是呂不韋給他設的圈套，想讓他有去無回，戰死在戰場。自嬴政登位以後，呂不韋就獨攬朝政，建議長安君成蟜率兵征討，就是要置他於死地。當時，長安君只有十七歲，年紀較小，從來沒有打過仗，更談不上帶兵。這時候讓他去攻打強大的趙國，實際上是讓他去送死。

在攻打趙國的過程中，一路還算順暢，沒有遇到趙軍強有力的阻擊，成蟜以為這次一定能旗開得勝，榮立戰功。結果，成蟜大軍在屯留一帶中計，被趙軍團團圍住。於是，成蟜不斷派出使者到咸陽求救，可在呂不韋眼中被圍困的不是數萬秦軍將士，而只是成蟜一人，如果能趁這個機會扳倒成蟜，就算賠上數萬秦軍將士也是很划算的。

其實，秦軍是被自己人給出賣了，在他們還沒有出發的時候，趙軍就已經知道了他們的行軍路線，他們想不被圍攻都不可能，可秦軍卻還被蒙在鼓裡。前方戰事的真實情況，嬴政一無所知，他從呂不韋那兒得來的消息全是一切順利，他一直被蒙在鼓裡。

救兵遲遲不到，成蟜終於明白這是呂不韋的陰謀，只能一拚了。可他並不甘心就這樣死在戰場上，於是，他把樊於期約在一起商談對策。樊於期說：「今秦王並非先王骨血，你才應該是王位繼承人。呂不韋如今令你帶兵伐趙，暗藏禍心，其實是害怕有一天他的事情敗露，你會與秦王為難。所以他現在表面上重用你為將，實際上卻是要把你逐出王宮，或者讓你戰死在戰場上。」

「嗯，這個我已經知道了，可事到如此，應該怎麼辦呢？其實，我對行軍打仗一竅不通，還得請將軍指教。」成蟜一籌莫展地答道。

樊於期想了想說：「其實，對你來說，這次不只是攻打趙國，而是政治之戰。如今蒙家兵被派在外征伐，緊急之間，不可能馬上回來。而你手握兵權，如果傳檄天下，列數呂不韋淫人之罪，臣民百姓誰不願意奉真主而重建社稷？」

樊於期又繼續說：「將軍，奸相呂不韋擅權誤國，故意延誤和中斷我軍的補給，又不准我們進攻，也不讓我們撤退，現在被圍，又不派兵援救，分明是要借敵人之手消滅我們呀。今天趙國派使者來議和，我們不如借此議和，並聯合各國支援將軍登位，除掉奸相呂不韋。」

這時，長安君憤然按劍而立，說：「大丈夫有死而已！怎能屈膝於商人之下？願將軍為我出謀劃策！」其實，謀反是成蟜不願意做的事情，可他又找不到其他出路，只能出此下策。

後來，呂不韋趁機派大將王翦帶著十萬大兵征討成蟜，成蟜膽戰心驚。嬴政下令殺掉跟隨長安君造反的士兵，全城百姓全部遷徙邊鄙。他又懸五城之賞，萬金之重，捉拿樊於期。

派年僅十七歲的成蟜帶兵打仗，這一借刀殺人的計策，主謀當然是呂不韋。呂不韋不能容忍任何人破壞他辛辛苦苦得來的事業，因此任何潛在的威脅他都不會坐視不管。而嬴政的借勢發揮也非常聰明，他借著呂不韋的計謀，除掉對自己王位有潛在威脅的人，並借勢發揮，把長安君的餘黨全部根除，這樣就保證了自己日後能夠穩穩地掌握大權。

4 站在巨人的肩膀上，可以看得更遠

一個人要想成就一番事業，單靠自己一方面的力量是不夠的。在個人力量不強大時，就要善於借助他人的力量——或得到對方的幫助，或站在巨人的肩膀上，或假借他人之手成全自己的好事。

秦襄王病死，其子嬴政即位，時年十三歲，委國事於大臣，封呂不韋為相國，號稱「仲父」。以下的記載表明秦王重用呂不韋是非常明智的。

呂不韋為相時即「招致賓客遊士，欲以共天下」「大赦罪人，修先王功臣，施德厚骨肉，而布惠於民」。他採用了孔孟學說中一系列仁政德政，這是秦國振興最關鍵的措施。因為秦自商鞅變法以來，國家富強了，但社會出現嚴重的不穩定現象，是因為秦用嚴刑峻法而不施仁政的結果。

當時的政局並不安定，如在惠文王時，勞苦功高的商鞅受車裂之刑。穰侯魏冉（昭王母宣太后之異父同母弟）是相國，為秦統一立下汗馬功勞，只因范雎進詭言，說「宣太后專制，穰侯擅權」，就被昭王免去相國之職，出關就封陶邑，而卒於陶

（後秦收陶為郡）。太史公曰：「穰侯，昭王親舅也，而秦所以東益地，弱諸侯，當稱帝於天下，天下皆西向稽首者，穰侯之功也。及其貴極富溢，一夫開說，身折勢奪而以憂死，況羈旅之臣乎。」

白起善用兵，事秦昭王。「為秦戰勝攻取七十餘城，而定鄢、郢、漢中，北擒趙括之軍」，封為武安君。秦昭王不聽白起之言，攻邯鄲失利，白起因而稱病。於是，秦昭王免去其武安君的爵位，又賜劍令他自刎，「死者非其罪，秦人憐之，鄉邑皆祭祀」。

以上事實說明，在秦國內部，大臣恐懼不安，而且要造反了，造反的不只有庶長、大臣、諸侯、公子，還有皇親國戚。所以呂不韋為相後，首先實行「大赦罪人，修先王功臣，施德厚骨肉，而布惠於民」的政策，以鞏固統治，創造一個穩定的社會局面，這對秦國的前途有深遠意義。

呂不韋在實行孔孟仁政、鞏固統治的同時實行了一系列行之有效的外交政策，並加快了統一中國的步伐。

《史記》載：「秦襄王元年，東周君與諸侯謀秦，秦使相國呂不韋誅之，盡入其國。秦不絕其祀，以陽人地賜周君，奉其祭祀。」這也是孔孟的仁政，可以減少東方各國對秦的恐懼，從而減少統一的阻力。

呂不韋相秦襄王三年，相始皇七年（始皇八年以後，嬴政奪權，呂不韋不當權），共為相十年，在這期間，秦已並巴、蜀、漢中。越宛有郢，置南郡。東至滎陽，滅二周，置三川郡。韓都鄭，已成孤島。趙、魏以東已置東郡。取魏以北之地，與魏都大梁為界，大梁亦成孤島。趙都邯鄲以西設太原郡、上黨郡，邯鄲以東設東郡，以南為河內郡，邯鄲城的東、西、南已與秦為界，也成為孤島。六國土地百分之八十已為秦占，六國之滅亡只在旦夕。

以上的事實說明了嬴政重用呂不韋對統一中國起到了很大作用。呂不韋在秦國專權十年，是一位了不起的政治家。他消除內部叛亂的隱患，擴展疆土，為嬴政日後的統治打下良好的國力基礎。

「借梯登天」不僅是成大事的高招，也是一個成大事者必須具備的能力。畢竟一個人的能力是有限的，如果只憑自己，能做的事的確很少。

三國初期，劉備尚未有所成就，如想成就自己的一份霸業，首先就要得到荊州。但曹操揮師南下，一度使劉備的荊州夢近乎破滅，幸魯肅斡旋，與東吳聯合起來，擊敗曹操才出現了一絲轉機。但是，當時孫劉聯盟時，處於主導地位的是東吳，無論從實力上還是從道義上講，劉備都不可能與東吳正面交鋒，爭奪荊州，於是只好出個法子來借，利用一個「借」字，來達到他據有荊州爭霸圖強的政治目的。但荊州也不是輕而易舉就能借到的，東吳方面，特別是周瑜，是何等精明之人，豈能讓劉備的圖謀輕易得逞？於是一場圍繞欲借荊州與反對借荊州的明爭暗鬥就此展開。

從南取荊州到赤壁大敗，曹操來也匆匆，去也匆匆，沒有在荊州站穩腳跟，北歸時也只對南郡做了重點防守。他急於回到北方是必然的，因為如果他多年經營的老巢出了問題，就可能不再有他這個挾天子以令諸侯的漢朝丞相。這個時候最重要的，就是要保持自己的政治實力，使自己的政治勢力能夠繼續發展下去。

在赤壁之戰中，孫權是一個大贏家，不但保住了江東祖業，而且迅速擴展了自己勢力。赤壁之戰後，孫權一方面圍合肥，佔領了丹陽的黟縣和歙縣，向南擴展；另一方面，進攻荊州，以向西擴展，並進而想向益州擴展。其重點是西戰荊州，由周瑜直接主持、統率。

當初曹操戰敗時，劉備、周瑜追擊曹操，一起向南郡進攻，周瑜、程普率領幾萬人馬與駐守江陵的曹操大將曹仁隔江對峙。雙方相持不下。周瑜部將甘寧率兵西上，想先取夷陵，沒想到卻被曹仁帶兵包圍了，形勢非常危急。周瑜、程普親自前去解圍，大破曹軍，得勝而歸。周瑜一鼓作氣渡過長江，駐兵北岸，對江陵形成包圍之勢，與曹仁進一步相持。經過多次激戰，曹軍傷亡慘重，曹仁不得不北去，放棄江陵之地。

周瑜攻江陵時，前後共經歷了大約一年多的時間。劉備乘周瑜與曹仁相持之機，率領自己部隊向南進攻，奪取了荊州在長江以南的武陵、長沙、零陵、桂陽四郡。長江以南荊州之地，除南郡一部分地方外，都是劉備所屬之地。此時，劉備實力開始增強，正式成為有自己地盤的一方勢力，開始了自己的建制。他任命諸葛亮為軍師中郎將，督察零陵、桂陽、長沙三郡，徵收稅賦，充實軍資；任命偏將軍趙雲兼任桂陽太守。雖然劉備攻下了江南四郡，但荊州最重要的南郡在孫權手裡。把南郡拿到手，才是劉備最終的目標。

為此，赤壁大戰後，劉備向朝廷推薦劉表長子劉琦為荊州刺史，推薦孫權為代理車騎將軍，兼任徐州牧，一方面不讓東吳占去荊州刺史這個職位，另一方面又用推薦孫權換取孫權推薦自己的好處。沒過多久，劉琦病故，孫權果然推薦曾被朝廷任命左將軍的劉備兼任荊州牧。劉備如願以償當上了荊州牧，並向周瑜提出分地盤。周瑜攻下江陵後，孫權已任命他兼任南郡太守，坐鎮江陵，同時任命程普兼任江夏太守。周瑜不肯把地盤多分給劉備，只把長江以南屬於南郡的部分分給了劉備。於是劉備把軍營長江南岸的油口，並把那裡的縣名由原來的孱陵改為公安。因為當時大家尊稱左將軍劉備為左公，公安表示左公劉備在此安營，還有另一層祝願平安的意思。

在荊州，劉備站住了腳跟，原來劉表的部屬大多數歸附到劉備手下。於是，劉備以周瑜給他的地太少不足以容納眾人為理由，於西元二一〇年，親自去見孫權，請求都督荊州，把整個荊州都交給他打理。當時孫權在京口坐鎮，而劉備自公安去鎮江，不遠千里，由此可知，他都督荊州的心情是非常迫切的。孫權還建議跟劉備一起攻益州，在攻下了益州後，要劉備出讓荊州。但劉備可不像他表面所表現出來的那麼善良，他對荊州不會放手，益州更是不可能給孫權。

劉備去京口向孫權借荊州的事情被周瑜知道後，馬上發出書信給孫權，堅決反對。信中稱：「劉備以梟雄之姿，而有關羽、張飛熊虎之將，必非久屈為人用者，愚謂大計，宜徙備置吳，盛為築宮室，多其美女玩好，以娛其耳目。分此二人，各置一方，使如瑜者得挾與攻戰，大事可定也。」周瑜認為劉備非「池中之物」，對他早有戒心，如今若是還要多割地給他作資本，那就會使他像蛟龍得雨，一定會離「水池」而去。所以他提出乘此機會把劉備扣留東吳，再將關羽、張飛分開，好讓像他周瑜那樣的將領統率他們作戰，這樣天下大事就可安了。扣留劉備用的是軟辦法，給他大興土木建造豪華舒適的住宅，多供他美女和一些玩賞娛樂的物品，使他迷戀於耳目之間，沉溺於聲色之中。這就是周瑜的計謀，用比較形象的說法就是「美人計」。

周瑜想出的這個計謀雖然厲害，但沒有被孫權採納，孫權也沒有答應劉備把荊州借出。劉備回到公安後，才得知其中內幕，為此感慨萬分，同時也為自己感到很慶幸。因為當初諸葛亮勸他不要親自去東吳，正是擔心他去了回不來，恰恰預測到了周瑜的計謀。劉備說當時自己處境危急，不得不去，看來此行實在危險，差點被周瑜給算計了。

孫權之所以沒有採納周瑜的建議，是因為曹操尚在北方，正在廣攬英雄。而自己相比於曹操實在是勢單力薄，他是從孫、劉聯合抗曹這個大局出發，覺得劉備是萬萬不能得罪的，而且還要鞏固與劉備的聯合。所以當劉備取得江南四郡、立營公安時，孫權擔心劉備勢力大起以後不跟東吳聯合，特地「進妹固好」，把他的妹妹嫁給了劉備。這件事發生在西元二〇九年，在周瑜獻計之前。

周瑜的計謀是妙，但再妙也絕對不可能把孫夫人當作施「美人計」的誘餌。當初孫堅與吳國太夫人生有四男一女，那女孩就是孫權的妹妹。孫權之妹生長在東吳這樣一個世家，又是獨生女，「才捷剛猛，有諸兄之風」，侍婢有百餘人，「皆執刀侍立」，使得劉備每次入內宅，都會感覺到恐懼，這也是能理解的。要說周瑜之計與孫權嫁妹有什麼聯繫的話，那恐怕就是周瑜想利用劉備是東吳女婿這一點，更便於把劉備扣留在東吳。歷史上，孫夫人下嫁劉備，是政治聯姻。孫夫人並不是周瑜所施的「美人計」的犧牲品，更不是現在人們所說的「國際女間諜」。

周瑜見自己之計沒有得逞，就又生一計，專門到京口見孫權，提出跟孫堅的弟子孫瑜一起進取西蜀，兼併漢中，結好關西馬超，然後回頭跟孫權一起佔據襄陽，緊逼曹操，進而規劃進取北方，孫權接受了他的建議。周瑜的這一建議，也是用來對付劉備想借荊州的重要謀略。但周瑜在回江陵的途中，被諸葛亮三氣，發病後在巴丘病故。

在周瑜病情嚴重時，他給孫權發出最後一封書信，信中一再強調「方今曹操在北，疆場未靜；劉備寄寓，有似養虎；天下之事，未知終始」，正是臣子和將士們奮發忘食之時，勸孫權好好思慮運籌。這封書信，實際上是告誡孫權不要輕易把荊州借出去。周瑜去世後，孫權按照周瑜臨終的推薦，由魯肅接替他的職位，孫權同時任命程普兼任南郡太守。魯肅一貫主張聯合劉備抵抗曹操，接替周瑜後，說服了孫權把荊州借給劉備。這樣，程普又改為兼任江夏郡太守。到此，劉備終於借到了荊州，也就是得到了整個南郡。如果周瑜沒有去世的話，劉備不但借不到荊州，而且很可能在荊州待不下去，但荊州最終歸劉備所有。劉備得荊州後，真如蛟龍得雨，可以騰雲駕霧，大顯身手了。

劉備之所以能夠成就大業，的確歸功於他「借」的力量。如果劉備沒有想方設法借荊州，他很難成就霸業，因爲只有在有了一席之地之後，才有成功的資本。

自己的力量是有限的，而外界的力量和資源是無限的。凡是你能調動的力量就是你的力量，凡是你能調動的資源就是你的資源。當然，自食其力的人値得尊敬，但如果我們懂得借助他人的力量，那就可以無所不能、無往而不勝了。

5 他山之石，可以攻玉

「他山之石，可以攻玉」一說由來已久。《詩．小雅．鶴鳴》：「他山之石，可以爲錯。」《毛傳》：「錯，石也，可以琢玉。舉賢用滯，則可以治國。」鄭玄箋：「他山喻異國。」又：「他山之石，可以攻玉。」《毛傳》：「攻，錯也。」本來是說別國的賢才也可用爲本國的輔佐，正如別的山上的石頭也可爲礪石，用來琢磨玉器，後以「他山之石」喻指能說明自己改正錯誤缺點或提供借鑒的外力。

秦國北伐匈奴的說法很多，許多人認為是嬴政當時聽信了仙書中一句「亡秦者胡也」的話。關於這件事，《史記．秦始皇本紀》這樣記載的，秦始皇三十二年，燕人盧生使人入海還，以鬼神事，因奏錄圖書，曰：「亡秦者胡也！」

在嬴政統一中國後，如何應對北方匈奴對邊疆的侵犯就成了他考慮的大事。那時，中國北部的匈奴很有實力，時常與秦軍有武力衝突；與南部的百越人一樣，對嬴政的統治造成威脅。如果不將南部和北部的這些少數民族問題解決了，勢必會對秦國鞏固統一天下的勝利成果造成嚴重影響。

那麼為什麼當時嬴政先向南方進攻，而沒有先向北方用兵呢？這說明嬴政還沒有精力對付北方的匈奴。

當南方已基本平定之時，他才動了向北方匈奴進攻的念頭。在這之前，也就是嬴政剛剛統一中國時，他就有攻打匈奴的想法，只不過這種想法沒有得到李斯等一些大臣的贊同罷了。

嬴政曾說：「我們應該立即向北方進軍，爭取使那裡的民眾也能安定下來，結束匈奴的統治。」

李斯說：「現在是不能進攻匈奴的。匈奴無城郭而居，委積之守，遷徙鳥舉，難得取勝，如輕兵而入，糧草必絕，踵糧以行，重不及事，得其地不足以為利，通其民不可役而守之。勝必殺之，非民父母也。靡敝中國，快心匈奴，非長策也。」

嬴政認為李斯的建議不可取，認為要對付匈奴靠過去的防守戰略是不行的，只有向其出擊，才能挫其銳氣，使邊疆安寧。

當然這次出兵討伐匈奴還有一個重要原因，那就是隨著北方匈奴的不斷入侵，嬴政已充分認識到了匈奴對中國的威脅。

在這裡我們還應該提一下義渠這個少數民族部落，因為它也是嬴政決定進攻匈奴的一個因素。

義渠是西戎中比較強大的一個部族，很久以前，他們就與秦國的關係不太友好，那時秦國對義渠的策略正如公孫衍對義渠君說的那樣：「中國無事於秦，則秦且燒焫獲君之國；中國為有事於秦，則秦且輕使重幣而事君之國也。」

他說這話是有歷史根據的。

在西元前三一八年，當東方五國合縱抗秦時，秦國就拉攏了義渠君，有送去「文繡千純，婦女百人」的記載。

義渠君也是一個很有頭腦的君王，公孫衍的話對他影響很深，後來當他斷定「中國為有事於秦」時，就乘機偷襲秦國，成了秦國的一大隱患。秦國立即改變策略，準備消滅這支少數民族。

秦昭王當政時，秦國勢力不斷增強，義渠君只好裝出一副順從的姿態到秦國朝賀，並許諾年年上貢。秦昭王很高興，留他在秦國做客。可是這個義渠君卻與秦昭王的母親宣太后拉上了關係，幾天之後兩人就曖昧無比，開始私通。在這種特殊關係的維持下，義渠與秦國的關係有了好轉，雙方基本上不再有戰爭發生。

後來，宣太后竟為義渠君生了兩個私生子。

秦昭王對母后的行為很不滿，母后卻自有主張，她認為自己只是利用義渠君而已，是於秦國有利的。果然，西元前二七二年的秋天，宣太后趁義渠君對秦國已完全解除戒備，讓秦昭王下令攻打義渠。出戰前，宣太后派人將義渠君引誘到秦國暗殺了。

從此，讓秦國一直擔心的義渠被徹底消滅。

嬴政借鑒秦昭王成功滅掉義渠的先例，下定了攻打匈奴、消除匈奴威脅的決心。

有心人大都精通借助他人的智慧和力量來達成自己的目的，而不善用心的人只知道憑藉一己之力，縱是廢寢忘食、竭盡全力，也只能守住自己一方小小的地盤。

第七章

高瞻遠矚，萬里長城萬世功

善戰者無赫赫之功，善醫者無煌煌之名。秦始皇作為創業之君，時刻思考著長治久安、江山永固的問題。

1 收天下之兵，防患於未然

據說，螞蟻是搬運東西的能手，這個絕技也使其成爲生存的高手。螞蟻非常怕水，自然中的雨水被人們視爲甘露，但卻被螞蟻視爲死神。如果在下雨之前，牠們不能及時地搬到地理位置較高的地方的話，待大雨襲來，生理上的本能讓牠們無法與雨水抗衡，牠們弱小的身軀就會被大雨沖走，或是受到雨水的長期浸泡。所以，一到多雨季節，牠們只要稍微感到空氣的濕度增高，及地下漸趨潮濕，就立刻進行搬家大行動，搬往更高、更安全的地方，以避免暴風雨帶來的災害。螞蟻的搬家很壯觀，牠們團結一致，集體動員，個個腳步匆匆，有的帶著乳白色的螞蟻卵，有的帶著灰褐色的螞蟻蛹，有的帶著老蟻、傷蟻，還有的帶著各種各樣的食物，向新居地進軍。

除了搬家，螞蟻對搬運糧食也很在行。牠們用嬌小的身軀背著來之不易的糧食。那糧食在我們看起來只是沙粒大的東西，而在牠們看來卻是巨物，但牠們卻樂此不疲地搬著。牠們一般在冬天將要來臨的時候，大肆搬運糧食，儲存起來，等到天氣寒冷，找不到食物的時候，就可以靠這些備用食物過冬。

螞蟻的搬家行爲就是我們現在所說的「未雨綢繆」，而螞蟻的糧食儲備則是防患於未然。居安思危與未雨綢繆一直被人類視爲難能可貴的精神。我們常說「不怕一萬，就怕萬一」，說的也就是螞蟻所體現出來的居安思危，防患於未然。大自然中的生存法則同樣適用於人類社會。一個國家如果沒有危機意識，這個國家遲早會出問題；一個企業如果沒有危機意識，遲早會被市場所淘汰；一個人若沒有危機思想，就會被時代所吞噬。所以，我們在做事時，也應該未雨綢繆，居安思危，這樣在危險突然降臨時，才不至於手忙腳亂。

嬴政一生的追求就是用戰爭消滅戰爭，建立一個大一統的帝國。別人手裡有武器，總是讓人難以放心，於是嬴政就採用了搜羅天下兵器的措施，防患於未然，鞏固了剛剛建立的帝國統治。

隨著齊王的不戰而降，可以說嬴政滅六國的統一大業已經基本完成。為在中國建立起一個空前統一的大秦王朝，嬴政需要有一個安定的社會秩序，特別是防止六國諸侯殘餘勢力的東山再起，死灰復燃。而收繳六國兵器和遷徙山東富豪，便是他在統一天下之後為國家安定而首先採取的兩大措施。

嬴政比其他王朝做得更為徹底，特別是將天下的兵器鑄成十二個大銅人，可以算作空前絕後的壯舉。

嬴政憑藉著手持兵器的狼虎之師統一六國。在兼併戰爭中，六國龐大的軍隊逐一瓦解，但卻留下了大量兵器。嬴政憑靠智慧和武力統一天下，又怎能容忍六國軍隊留下的兵器散落在民間，以釀成後患?!因而在統一六國之後，嚴令收繳全部兵器，有敢私藏者嚴懲不貸。對於收繳上來的六國兵器，除部分補充軍備外，大部分從六國故地運回秦都咸陽。待到兼併戰爭完成之時，運至咸陽的兵器早已堆積成山。

六國群雄被一一殲滅，那些堆積如山的兵器應該如何處置呢？在他的智囊團的參議下，終於制訂出了處理方案，即將這些兵器全部熔鑄。六國的兵器除楚兵器中有相當數量的鐵製兵器外，其餘多數為銅製兵器。鐵製兵器熔鑄後可製作各種農具，在秦國各級官吏中很早就有將鐵農具租給農戶使用的傳統。而如今這堆積成山的銅兵器卻一時派不上用場。於是有人提出建議，將銅兵器熔鑄成巨型銅人像，立於正在修建中的阿房宮前殿的宮門兩旁，這樣既可以使天下的人再也得不到兵器，又可以壯朝威，還可以表示我朝今後再也不會興兵，永享天下太平。秦始皇欣然批准了這一建議。

於是，嬴政下令：「收天下兵（兵器），聚之咸陽，銷以為鐘鐻金人十二，各重千石，置廷宮中。」

至於所鑄銅人的數量，由於秦王朝是「度以六為名」，任何器物的複數，均要與「六」相配合，而所鑄的銅人像立於宮門前通道的兩側，那麼當然是鑄成十二個銅人了。而這就是《三輔黃圖》所說的「銷鋒鏑以為金人十二，以弱天下之人，立於宮門」。

西元前二二一年，即在秦統一天下的這一年，嬴政正式下達了銷毀六國兵器、熔鑄十二銅人的命令，工作隨即開始。

嬴政作爲創業之君，時刻思考著長治久安、江山永固的問題。善戰者無赫赫之功，善醫者無煌煌之名。天下初定，六國的殘餘勢力隨時準備揭竿而起，嬴政對此採取了預先控制的辦法——收天下兵器。

嬴政收天下兵器出於以下考慮。

在弱肉強食的時代，只要有錢、有槍、有人就可以拉大旗、作虎皮，稱霸一方，收繳天下兵器就等於弱化了天下反秦的力量。

加強中央集權的辦法之一就是強幹弱枝、強國弱民。戰國時代天下征伐不息，導致了大量兵器流入民間。秦朝雖然已經征服六國軍隊卻不能阻遏民間的力量對秦帝國的威脅，爲了根除帝國的隱患，必須要收天下之兵，讓百姓失去反抗的工具。

嬴政建立乾綱獨斷的集權政治，將天下權力收歸中央。面對六國殘餘勢力，主要在制度結構上進行限制，輔之以最直接的武力削弱。六國殘存貴族力量如果有了武器就會有復仇之心，會製造事端，秦始皇收繳天下兵器就是對這些民間勢力加強控制，防患於未然。

《孟子》中有一句「生於憂患，死於安樂」，這是在告訴人們要時時刻刻保持危機感和憂慮感，才能在競爭激烈的環境中得以生存，永遠立於不敗之地。「居安思危」並不是說讓你每天充滿了消極思想，盲目地去把不可能的壞事都想到自己頭上，以至於牽絆了前進的腳步。聰明的人要善於觀察時事變化，凡事都要有兩手準備，這樣才能在隱患來時，不至於亂了陣腳。

廿一世紀是一個充滿風險、挑戰的社會，我們的生活、職業、娛樂、思維方式都將發生很大變化。要在這樣的環境裡很好地生存，就要學會深謀遠慮，防患於未然。

2 三思而後行，謀定而後動

謀在先，動在後，謀定而後動，是行軍作戰成大事的重要指導原則。一個有智慧的人就應該在行動之前先進行思考，爲自己接下來的活動做一番謀劃，避免走冤枉路，做錯事。秦始皇消滅了東方六國後並沒有就此收手，而是將目光放到了更廣闊的土地上。他用自己的遠見卓識和蒙恬的個人才能取得了對匈奴的大勝利。

戰國末年，烽煙四起，中原陷入空前的戰亂當中。在中原混戰的同時，中國的北方一直活躍著一個善於騎射、兇悍無比的民族——匈奴，他們利用中原戰亂之機，不斷騷擾北方各國。在嬴政統一中原建立秦王朝的同時，他們的活動更加猖獗，並不斷向四方擴張。此時的匈奴首領為頭曼單于。頭曼單于號令各部軍政合一，遊牧騎射的匈奴帝國已經初具雛形。在中原各國戰亂頻繁、無暇外顧的時候，他們乘機跨過黃河，佔領了南至河套、北至貝加爾湖的大片土地，對中原各國構成了重大的威脅。嬴政統一六國後，匈奴的擴張就直接威脅到了秦都咸陽的安全，成為整個帝國的心腹之患。

西元前二一五年（始皇三十二年），嬴政第四次巡遊，第三次巡海。他東出咸陽到碣石，經代郡、雁門、雲中，從上郡歸。此次巡遊，秦始皇除了巡視多地，除命令韓終、侯公、石生等為他求仙人不死之藥外，還專門巡視了北部的邊疆。秦國邊境經常受到逐漸強大起來的匈奴的掠奪，秦的政權很容易受到威脅。而且，在秦尚未統一六國前，匈奴就常掠奪內地人民的牲畜、財產，與其相鄰的燕、趙、秦等國更是深受其害。尤為嚴重的是，在秦征伐六國的最後階段，匈奴乘機佔領了河套地區，匈奴軍隊殺人放火，搶劫牲畜財物，邊疆人民苦不堪言。這些過往的歷史讓秦始皇有一種危機感，更加增強了他想要消滅匈奴的決心。

於是，回到咸陽的秦始皇仔細、認真地分析了秦國和匈奴之間的政治軍事態勢：如果將來對其他地方用兵，那麼匈奴定會再一次成為秦國的一大威脅。在衡量了各種利弊的情況下，他決定對匈奴用兵，並從諸多將領中選定了蒙恬作為北征匈奴的大將。

青年時代的蒙恬長年在北方邊境守衛，對匈奴的戰法極其熟悉，這是那些長年征戰中原的老將們所不能比的。而且，蒙恬是秦軍裡最富有進攻精神和野戰能力的將領，秦朝其他將領打的多是中原地區的攻堅戰，對於塞北草原上與匈奴的野戰並無多少經驗。

西元前二一五年，嬴政以蒙恬為帥，統領三十萬能征善戰的秦軍北擊匈奴。蒙恬率領三十萬大軍，日夜兼程趕赴邊關。蒙恬在駐守邊防的時候就對匈奴的戰法極其熟悉，並專門針對匈奴研究出了戰術方法。但這次北逐匈奴，他也不能掉以輕心。所以，紮下大營後，他一邊派人偵察敵情，一邊親自翻山越嶺察看地形，仔細分析當前的形勢，制定出良好的對付匈奴的作戰方針。

通過分析敵我兩方的力量對比，蒙恬發現與善於齊射的遊牧民族匈奴軍隊相比，秦軍並沒有那麼多戰馬，騎兵的數量也遠遠少於匈奴，這是秦軍的劣勢。但是，秦軍的步兵眾多，以壓倒性優勢占匈奴上風，這是秦軍的優勢。而且，秦軍的重要殺手鐧是重型武器和戰車，這對匈奴也是一大威脅。所以，這就註定了秦國的攻擊要以步騎和戰車相結合的戰法為主。

全盤謀定後，蒙恬就開始將匈奴軍隊往對自己有利的方向引導。一旦出現有利態勢，秦軍就以戰車開路，箭矢如蝗，步騎大軍隨後掩殺。西元前二一五年，第一次交戰，蒙恬就殺得匈奴人仰馬翻，潰散草原。由此可見，這種以重裝戰車為主的戰法果然非常奏效。

西元前二一四年的春天，爆發了最具決定性的戰爭。蒙恬跟匈奴人在黃河以北，展開了一場生死之戰。經過多個回合的較量，匈奴主力受到重創，潰不成軍，四處狼奔，向北逃竄。蒙恬以銳不可當的破竹之勢，一舉收復了河套、陽山、北假等地區，將匈奴人徹底打敗。經此一役，當時的秦軍再無敵手，蒙恬也一躍成為秦帝國最為出色的將領。

另外，蒙恬又派人馬，從秦國都城咸陽到九原，修築了寬闊的直道，克服了九原交通閉塞的困境。這不但加強了北方各族人民經濟、文化的交流和融合，更重要的是在調動軍隊、運送糧草器械物資等方面具有重要的戰略意義。

一個人無論做什麼事都要三思而後行，否則就會出現不堪設想的後果。

很久很久以前，在西班牙的某城有一個人，他以賣「忠告」為職業。有一天，一個商人知道後，就專程到他那裡去買「忠告」。那個人問商人，要什麼價格的忠告，因為忠告是按價格的不同而定的。

商人說：「就買一個一元錢的忠告吧。」那個人收起錢，說道：「朋友，如果有人宴請你，你又不知道有幾道菜，那麼，第一道菜一上，你就吃個飽。」

商人覺得這個忠告不怎麼樣，於是又付了兩倍的錢，說要一個值二元錢的忠告。

「當你生氣的時候，事情沒有考慮成熟，就不要蠻幹，不瞭解事實的真相，千萬不要動怒。」

像上次一樣，商人覺得這個忠告不值那麼多錢，於是又要一個值一百元的忠告。

那人對他說：「如果你要想坐下，一定得找個誰也攆不走你的地方。」

商人還是覺得這個忠告不理想，又要一個價值一百一十元的忠告。

那人就對他說：「當人家沒有徵求你的意見時，你千萬不要發表議論。」

商人覺得，這樣下去會弄得身無分文，於是決定不買任何忠告。他把已買來的這些忠告一一銘刻在心，就走了。

有一次，商人讓懷孕的妻子留在家中，自己到外地經商去了，一連二十年都沒有回家鄉。妻子一直沒有得到丈夫的消息，以為他亡命他鄉了，感到萬分悲痛。於是，她在兒子身上傾注了自己全部的愛。

終於有一天，已經發了財的商人，賣了他的全部商品，回到家鄉。他沒有對任何人吭一聲，就直接來到自己的家，並閃身躲進一個難以被人察覺的地方，窺視著屋裡的動靜。

黃昏時候，兒子回來了，媽媽親切地問道：「親愛的，告訴我，你從哪兒回來的？」

商人聽到自己的妻子這麼親切地對那個年輕人說話，心裡不由產生了一種惡念，恨不得當場殺了他倆，但他突然想起那個用二元錢買來的忠告，沒有動火。

天黑了，屋裡兩人在桌旁坐下用餐。商人看到這一情景，又想殺他們。但那個忠告又在耳邊響起，使他克制了自己。

熄燈前，母親哭泣著對兒子說：「唉！兒呀，聽說，有一條船剛剛從你爸爸的地方來，明兒一早，你就去打聽一下，或許還能打聽到他的消息。」

聽到這番話，商人不由想起，在他離家的時候，妻子已經懷孕了，原來那個年輕人，就是他的兒子。他高興得不知怎麼是好，更覺得買的忠告實在有用，因為有了它，才沒有動火。

人生面臨許多選擇，有些重大的選擇將會影響我們的一生，因此在做出重大選擇和決定的時候，一定要多方考慮，慎重行事。「三思而後行」，這是千百年來經過無數實踐而得出的一條真理，深思熟慮可以避免草率的決定和盲目行事，毫無疑問會提高成功的機率。

3 做出高瞻性的決策

古諺曰：「一年之計，莫如樹穀；十年之計，莫如樹木。」這句話的意思是說，一年的計畫，不如種穀子；十年的計畫，不如種樹。它教育人們做事要從長遠考慮，要有遠見。遠見決定著一個人的能力，有遠見的人都有一個清晰、明確的目標，並能描繪出未來前景的具體樣子，只有這樣才能驅使他不斷地向前進取。反之，如果一個人失去了遠見，就只能目光短淺地看待問題，最終一事無成。遠見並非憑空產生的毫無根據的遐想，它是從親身經歷的事情和周圍人們的經驗中總結出來的。

秦國自秦昭王以來日漸強大，虎視東方，首當其衝的是韓國。昏庸無能的韓桓惠王惶惶不可終日，始終無計可施。當時，秦國的都江堰工程建成不久，成都平原成為天府之國，秦國的統治者正沉浸在都江堰工程完工所帶來的喜悅之中，興修農田水利工程的興致正濃。為此，韓桓惠王竟異想天開：如果鼓動秦國在關中地區修建更大的水利工程，勢必會使秦國為修渠投入更多的人力與物力，韓國豈不因此受秦兵滅國之禍？於是，韓王立即召見聞名於諸侯的著名水利專家鄭國，向他授意，令他西游秦國，遊說秦王在關中地區開河修渠，以此疲弊秦國。

那時，秦襄王剛剛即位不久，執掌國家大權的是相國呂不韋。秦國自商鞅時期以來便以「農戰」為基本國策，都江堰工程的完工，使成都平原沃野千里。而且，秦軍從巴蜀沿長江順流而下，大敗楚軍，也深得水利工程之助。因此，秦襄王與呂不韋對鄭國在關中地區開鑿大型水渠的建議十分感興趣，令鄭國拿出一個完整的修渠方案。

經過一段時間的實地勘察，鄭國將修渠藍圖呈獻給秦襄王與呂不韋審定。鄭國以他那絕世的才能，精心設計了引涇水入洛水的開渠方案。整個工程分渠口、引水渠、灌溉區三個組成部分。渠口的選址正處於涇河沖出群山進入平原的一個峽口，涇河從西北向東南奔騰而下，東西兩面都是高山。在這裡修築攔河大壩，抬高水位，攔截涇河水進入灌區（今日測量數字表明，從渠口循四百三十米的等高線下流，最後注入洛水時降為三百六十五米，經引水渠疏導，平均每米降低千分之四），充分利用了渭北平原在地勢上西北略高、東南略低的特點，從而形成了自流灌溉系統。

引水渠即渠口到灌區中間的導水路工程，即《漢書·溝洫志》所說的「鑿涇水自中山西邸瓠口為渠，並北山，東注洛，三百餘里，欲以溉田」。

灌溉渠分幹渠與支渠，從涇河引水到最後注入洛水，流經三百餘里。為最大限度地擴展灌溉面積，同時也為保證幹渠的河水流量，在旱季充分滿足灌溉農田的需要，鄭國在設計時採用攔腰截斷治峪、清峪、濁峪、漆水、沮水、石泉、溫泉等河流的「橫絕」工程技術，把上述河水的水量彙集到幹渠中來，從而加大幹渠的水量。這樣，還可把經過整理的河道改造成良田。這種充分利用水利資源的橫絕工程技術，是戰國水利工程技術史上的一大發明，為關中地區後世大規模興修水利工程開創了成功的先例。

像鄭國渠這樣工程浩大、設計合理、技術先進、效益顯著的水流灌溉系統，無疑是中國古代水利史上少見的範例之一，令秦國執政者大為讚賞，當即決定由鄭國負責按設計方案組織施工。由於鄭國是這一工程的設計者和施工技術上的總負責人，渠建成後人們為了紀念他的光輝業績，便稱這條人工開鑿的灌渠為鄭國渠。

鄭國渠正式破土開工時，秦襄王已死，正值始皇元年。當這項費時十年的浩大工程進行大半的時候，韓國用修渠來疲弊秦國的陰謀被嬴政發覺。嬴政大為震怒，立即將水工鄭國逮捕問罪。

嬴政問鄭國：「韓王派你來鼓吹修渠，想借此來疲弊秦國，有沒有這回事？」

「臣起始確實為疲弊秦國而來，不過……」鄭國回答。

「不過什麼？」嬴政打斷鄭國的回答，又緊逼著問道。

「大王，臣是說一旦河渠修成後，會給秦國帶來很大利益。臣為韓國延長數歲之命，而渠成可為秦國建萬世之功。」

鄭國的一番話同秦國決定開渠的初衷完全吻合，嬴政認為鄭國講得很有道理，況且工程已進行大半，完工在即，怎能半途而廢？因此，嬴政不但沒有加罪於鄭國，反而責令他儘快按預定方案把工程修完。

鄭國渠修成之後，確實為秦國帶來了巨大的效益。《史記．河渠書》寫道：渠就，用注填閼之水，溉澤鹵之地四萬餘頃，收皆畝一鐘。於是關中為沃野，無凶年。秦以富強，卒並諸侯，因命曰「鄭國渠」。

鄭國渠修建的始末表明，秦國的最高統治集團對發展農業生產與富國強兵、兼併諸侯之間的關係有著充分的認識。這一自覺認識，不僅是秦國決定修渠且在發現韓國的陰謀之後仍然修渠不止的理論根據，而且表明了發展農業生產的政策在秦國佔有何等重要的地位。

司馬遷在《史記．河渠書》中把鄭國渠的興建及其功效的發揮，同「秦以富強，卒並諸侯」聯繫在一起，這樣的評價是很深刻的。

鄭國是戰國時期韓國著名的水利工程專家。秦國的最高統治集團敢於下定決心，採納來自敵國的專家意見，投入那麼多的人力和財力，費時十年，修建如此浩大的工程，甚至在發覺鄭國的陰謀後，仍對鄭國信任如初，責令他將河渠修成。

嬴政之所以能夠成就霸業，主要在於他具備戰略眼光：興修水利有利於農業發展，富國強兵，民心歸順，秦國由此而強盛。

在事業上能夠成功的人，基本上都具備敏銳的眼光。他們總是可以洞悉到市場的變化，然後牢牢把握住，以先人一步的勇氣與膽魄，成功地開創屬於自己的一番新天地。

一個偶然的機會，呂不韋認識了異人。一番交談之後，這個善於投機的大商人認定異人「奇貨可居」，說不定他就能靠著這個人做成一筆「大生意」。呂不韋往來各國，對各國的政局都很瞭解，對秦國的宮廷之事更是瞭若指掌，於是決定以安國君最寵愛的華陽夫人為突破口，通過華陽夫人來扶持異人得到王位。到時候，異人怎麼能虧待他呢？這個異人雖然胸無大志，但也憑著年輕氣盛，想做出點兒驚天地、泣鬼神的大事來，於是，兩個人一拍即合，開始籌畫起來。

呂不韋馬上西去秦都咸陽，開始了計畫的第一步：接近華陽夫人。但呂不韋只是個無權無勢的商人，想見到華陽夫人談何容易？不過也好在他是個商人，別的沒有，就是有錢。

一路上呂不韋把銀子當水一樣用，凡見到奇珍異寶，也不管價格高低，統統買下，帶入關中。經過一番曲折，呂不韋見到了華陽夫人的姐姐，在贈送了大量的金銀珠寶之後，終於使得她答應替呂不韋傳話。大意就是「夫人沒有親生兒子，應該抓緊時間過繼一個，要是等到年老色衰，不再受寵愛的時候，後悔就來不及了。現在在趙國當人質的公子異人是個孝順之人，他在趙國不分晝夜地痛哭，只是因為無法回來侍奉太子和夫人。如果能趁此機會，立他為嗣，把他救回秦國，那麼，他一定對夫人感恩戴德，夫人的後半生也就有了依靠。」

姐姐的「諄諄教導」說得在情在理，不由得華陽夫人不動心，再加上那些價值連城的珠寶首飾，可以不用她多費力氣便能坐享其成，何樂而不為呢？於是當天晚上，華陽夫人就在太子安國君的耳邊吹起了枕邊風。她說：「我有幸受到您的寵愛，但非常遺憾沒能為您生個兒子，現在聽說在趙國做人質的異人非常有才能，來往的人都稱讚他，我希望能立異人為繼承人，以便我日後有個依靠。」起初安國君本來打算立自己的長子為嗣，但架不住華陽夫人的哭勸，只好答應了立異人為繼承人。

走完了政治投機第一步的呂不韋回到邯鄲後，為了讓異人從此死心塌地地對待自己，又精心布下了一個局。這個局能否成功，關鍵在一個人的身上，她就是呂不韋的寵妾——趙姬。

這個趙姬年輕貌美，舞姿超群，深得呂不韋寵愛，但身懷大志的呂不韋怎麼會為一個女人而毀了自己的計畫呢？於是，趙姬就成了他走向政治舞臺的一個籌碼。

一天，呂不韋請異人來家中喝酒，酒至半酣，呂不韋便把趙姬叫出來跳舞助興。想來這異人也是好色之徒，一見到趙姬就要據為己有，竟然厚著臉皮向呂不韋索要。見魚已上鉤，呂不韋便使出欲擒故縱之計，沉默不語，逼得異人再次苦苦相求。這時，呂不韋才很不情願地答應把趙姬送給異人。

秦昭王四十八年正月，趙姬在懷孕十個月之後，產下一子，這個孩子就是後來統一中國的嬴政。

嬴政出生不久，秦趙兩國就爆發了戰爭。秦兵打到邯鄲城下，趙國危在旦夕。這時趙國君臣就想殺掉異人以解邯鄲之圍。也算異人命不該絕，一個和他關係不錯的趙國人把這個消息告訴了他，已經嚇傻了的異人急忙去找呂不韋商量。呂不韋聽到這個消息後，不慌不忙，大把的銀子拋出去，守城的趙國官兵就大開城門。就這樣，離開秦國多年的異人狼狽地回到了咸陽。

秦昭王五十六年，昭王死，安國君繼位，這就是秦孝文王。華陽夫人成為王后，異人也就順理成章地當上了太子。

這個孝文王命不好，登基一年就死了，於是當年的落魄公子異人登上了王位，史稱秦莊襄王。莊襄王剛一登基，便起用呂不韋為相，封文信侯，還把洛陽十萬戶作為食邑賜給他。

呂不韋是中國歷史上的一個奇人，他的成功，靠的是他敏銳的洞察力和把握時機的能力。一個人只有擁有「毒辣」的眼力，才能看透社會，才能洞察先機，讓自己佔據優勢。

因此，要想成爲一個成大事者，首先必須具備鷹眼一樣銳利的戰略眼光，隨時撲殺獵物。

4 人生有好牌，成功更需高手打

打江山，創事業，必當有深厚的基礎；否則有如無源之水，無本之木，雖能得勢一時，卻不能得勢一世。推而廣之，無論做什麼事，都要深根固本，然後才可與世爭鋒。「深根固本以治天下，進足以勝敵，退足以堅守，故雖有困敗而終濟大業。」

戰國末年，是一個風起雲湧的時代，各國諸侯合縱連橫，戰爭攻伐無處不在。秦國地僻西北，在亂世之中攻取中原、成就霸業絕非易事。非凡之事，必待非常之人。秦國想完成一統天下的大業，就必須擁有睿智而鐵腕的統御者。秦國是幸運的，擁有前無古人可比、後無來者可追的嬴政。

秦國經過幾代君主的努力，終於等來了嬴政。他生於動盪，長於趙國，最後在凶險的政治鬥爭中脫穎而出，成為千古一帝。嬴政的成功源於他的細緻，在統一大業的每一步上都小心翼翼、一絲不苟，以細節取勝。

戰國大勢就像一場牌局，天下的君主都是參與者。本來可以由幾家手氣好的聯合獲勝，但魯仲連義不帝秦改變了遊戲規則，由輪流坐莊變成了「血戰到底」。最終的勝利者只能有一家，到底鹿死誰手還得看本事。

到嬴政接手牌局的時候，他手上已經有許多張大牌。嬴政又通過數十年的努力，把這些優勢條件進行了強化。秦國通過嬴政的經營，便將統一戰爭推入到了速戰速決的階段。

無論在任何時代，戰爭都是在較量國家之間的人力、物力、財力等綜合實力。嬴政的成功不是一蹴而就的，他之所以具備統一天下的實力，是因為他站在歷代祖先的肩上。秦國經過數百年的積累，在發展空間、人才儲備、物質供應上都為嬴政做好了鋪墊，這些都是秦國完成統一大業不可缺少的資源。

嬴政接手先輩們的遺產後，做了最詳細的策劃和最充分的準備：不分國別，廣納賢才。秦國的歷代君王很早就認識到，人才是國家強大不可缺少的資源。秦國逐漸強大，完成兼併天下的重任，這離不開外來人才的努力和心血。自秦孝公起，商鞅、張儀、范睢、呂不韋、李斯、尉繚等相繼來到秦國，為秦國的強大竭忠盡智，貢獻多多。

改革國家運作體制，制定適合時代發展的經營模式。秦孝公任用商鞅在秦國變法，廢井田、重農桑、獎軍功、統度量、行郡縣。秦國擺脫了落後的經營方式，以一種最先進的經營理念為指導，走在了戰國的最前列。在先進的體制下秦國不斷強大，與逐漸削弱的關東六國形成鮮明對比。此消彼長，天下力量失衡，勝負已然註定。

採用連橫之策，制定遠交近攻、分化離間戰略。秦國有關中千里、崤函之固，自然不畏懼六國的進攻。它本身的實力能獨勝一國，卻抵不住六國合縱之策。為破壞六國聯盟，秦國與齊國結成姻親，與楚國建立盟約，順利施行了遠交近攻的策略。秦國又派善辯之士攜萬金之巨遊走於六國朝堂，分化瓦解六國聯盟。燕、趙、魏三國受到秦國毒計的挑撥，在秦國攻伐之時依然為了一些分歧打得熱火朝天。

發展農業，完成對統一戰爭的物質儲備。秦國「廢井田，開阡陌」，頒行「墾草」令，開發關中富饒的土地，「誘三晉之民，利其田宅」，滿足農業生產的需要。關中經過百十年的開發，更兼鄭國渠修築，關中之地迅速成為秦軍糧食生產的主要基地。嬴政率軍東向之時已經是「車千乘，騎萬匹，帶甲百萬」的天下第一強國。

秦國之所以能夠在天下紛爭中脫穎而出，在於它走好了每一步。當其他國家還在爭權奪利、排斥異己、相互猜疑的時候，秦國卻在一步一個腳印地向它的目標走開疆土、納賢才、定制度、興農業、謀策略都是秦國成功鏈條的組成部分。隨國內部不斷完善，重新整合，嬴政再無後顧之憂。秦國良臣已備、良將已得、兵馬充足，無不令六國畏懼，統一天下的時機已經到來，只待嬴政一聲令下。

初平二年，青州黃巾軍三十萬人攻入太山郡，太山太守帶軍出戰，致使黃巾軍前進受阻，前後犧牲數千人，被迫退出太山郡。事後，黃巾軍北渡黃河進入渤海郡，公孫瓚大顯身手，引軍擊退黃巾軍數萬餘人，令黃巾軍元氣大傷，死者數萬。

過了不久，這支由農民組成的隊伍經過一段時間的休整，又一次東山再起，於初平三年四月，以百萬之眾攻入兗州。情急之下，兗州牧劉岱決定發兵阻擊黃巾軍。

這時，濟北國相鮑信分析了當時的軍事形勢，向上司劉岱建議：「黃巾軍氣勢浩大，號稱百萬之眾，百姓都有些害怕，士兵們也沒有了鬥志，很難抵敵。我看這幫叛賊人數眾多，群輩相隨，卻沒有什麼糧草輜重，只有靠搶奪劫掠作為軍資來源，我們不如養精蓄銳，堅守陣地，讓他們戰又戰不得，攻又不能攻。這樣一來，其氣勢必然大大削減，人員離散，到了那個時候，我們再選派精兵強將，攻其要害，一舉殲滅他們。」

鮑信所說很有些道理，計也是好計，可是輕敵的劉岱不但沒有接受鮑信的建議，還親自領兵出戰，結果做了黃巾軍的刀下鬼。

與此同時，曹操正密切關注著局勢的變化，每日加緊操練兵馬，準備謀求進一步的壯大。劉岱一死，曹操就將眼光放到了兗州。

曹操手下的一個謀士陳宮獻計說：「兗州無主，朝廷難以對他們下達政令，實行統治，我願意去遊說各郡，讓你擔任兗州牧，以那個地方作為根據地，慢慢發展壯大，這樣一來，必當成就霸業。」

曹操覺得正中下懷，當即表示同意，於是派陳宮到兗州對鮑信等人進行遊說。他說兗州無主，曹操又是命世之才，如果能請他當兗州牧，必定能安定生民。濟北相鮑信本來就看重曹操，聽此一說，心下更加堅定，於是請來曹操擔任兗州牧。

由於漢時全國分十三州刺史部，初為中央派出的監督機構，東漢末期刺史（後稱州牧）已是地方上最高的一級軍政長官。雖說曹操擔當的是兗州牧一職，但也已是今非昔比，他自此成為真正的一方之主。

曹操一擔任兗州牧，就立即帶兵奔赴壽張，阻擊黃巾軍。

開始，曹操率領步騎千餘人，邊走邊勘察地形，摸索到黃巾駐地，準備偷襲，結果出師不利，死者數百，被迫退回。後來，在曹操與黃巾軍的多次爭戰中，鮑信戰死。曹操當上兗州牧，自有鮑信一份功勞，於是引為知己，如今鮑信戰死，曹操中大慟。

同年冬十二月，曹操追擊黃巾軍到濟北。黃巾軍被迫乞降，曹操收降卒三十餘萬，男女百餘萬口。事後，曹操又將黃巾軍精銳進行整編，組成了自己的一支作戰隊伍，號稱「青州兵」。

很顯然，在撲滅黃巾軍起義的過程中，曹操表現得異常堅決和果斷，與袁紹、公孫瓚不同，他勝利之後並沒有對起義部隊進行殘酷的屠殺和鎮壓，而是採用了吸納敵人資源補充自己實力的方法。

當初，袁紹在朝歌鹿場山蒼岩谷討伐黑山黃巾軍，「圍攻五日，破之，斬毒及其眾萬餘級」「進擊左髭丈八等，皆斬之」「又擊劉石、青牛角等」「複斬數萬級，皆屠其屯壁」。

公孫瓚反擊青、徐黃巾軍於東光南面，「斬首三萬餘級」「黃巾奔走清河，瓚因其半濟而攻之，又殺黃巾數萬流血丹水」。而曹操卻始終沒有這種類似的史料記載。

相比之下，曹操似乎更為仁慈，目光也更為遠大。他不但沒有對黃巾軍進行大面積的屠殺和殲滅，還將其投降的人眾盡數挑選，將精銳收編入伍，納為己用，陡然壯大了自己的軍事實力，這就比袁紹、公孫瓚高明。

可見，對天下大勢，曹操始終保持著清醒的認識。他知道，天下大亂、地方割據、軍閥混戰已是不可避免，要在這種局面下立住腳跟，進而擴大地盤、發展自己、戰勝對手，沒有足夠的兵力作為基礎是不可能的。但兵力從哪裡來？曹操早已瞄準了起義軍這個龐大的軍事集團。因而，曹操對起義軍施加兩手政策，即鎮壓與誘降相結合。

正因為有了收編來的這股兵力和自領州牧得到的地方兵，曹操才有了不斷發展壯大的本錢，從而取得逐鹿中原的成功。

事實上，曹操最初以兗州作為根據地時，並沒有考慮得很深遠，只是一心想報殺父之仇。他打算以兗州為根據地，攻打徐州。不想，呂布乘著曹操攻打兗州，城中空虛，佔據了濮陽。登時，鄄城、東阿、萬縣同時告急。曹操迫於形勢，聽從了郭嘉的意見，賣個人情給劉備，從徐州撤兵退守。

誰想，徐州太守陶謙對劉備情有所鐘，死前遺命請劉備主持大局，他一死，劉備就頂任了徐州牧，曹操憤憤不已，即傳號令，即日起兵去取徐州。

興平二年春，曹操再次起兵定陶。襲擊呂布之後，他又在巨野攻打呂布的部將薛蘭、李封等。當呂布趕來營救薛蘭時，薛蘭等人已經被曹操消滅得一乾二淨了。

事後，曹操將部隊駐紮在乘氏。原計劃先取徐州，再攻呂布。謀士荀彧卻認為根固本至關重要，只有先鞏固了根據地才可以圖謀天下。

他說：「昔高祖保關中，光武據河內，皆深根固本以制天下，進足以勝敵，退足以堅守，故雖有困敗而終濟大業。將軍本以兗州首事，平山東之難，百姓無不歸心悅服。且河、濟，天下之要地也，今雖殘壞，猶易以自保，是亦將軍之關中、河內也，不可以不先定。今以破李封、薛蘭，若分兵東擊陳宮，宮必不敢西顧，以其間勒兵收熟麥，約食畜穀，一舉而布可破也。破布，然後南結揚州，共討袁術，以臨淮、泗。若舍布而東，多留兵則不足用，少留兵則民皆保城，不得樵采。布乘虛寇暴，民心益危，唯鄄城、范、衛可全，其餘非已之有，是無兗州也。若徐州不定，將軍當安所歸乎？且陶謙雖死，徐州未易亡也。彼懲往年之敗，將懼而結親，相為表裡。今東方皆以收麥，必堅壁清野以待將軍，將軍攻之不拔，略之無獲，不出十日，則十萬之眾未戰而自困耳。前討徐州，威罰實行，其子弟念父兄之恥，必人自為守，無降心，就能破之，尚不可有也。夫事固有棄此取彼者，以大易小可也，以安易危可也，權一時之勢，不患本之固可也。今三者莫利，願將軍熟慮之。」

荀彧在這篇說辭中，深切地剖析了「固本以制天下」的道理，同時指出「舍布而東」必然導致失掉兗州的嚴重後果，還做出了徐州未必能攻取，攻取而未必能擁有的預測。一言以蔽之，荀彧就是要告誡曹操切記不能棄此取彼，以大易小，以安易危，否則難成天下大事。

曹操經過一番仔細斟酌，最終接受了荀彧的意見，改變原有的計畫，從而避免了一次重大的軍事失誤。

事情果如荀彧所料，同年五月，呂布稍作調整，與此時已經反叛的陳宮率兵萬餘人，再次從東絡來戰。可喜的是，曹操憑藉著有利的地形條件，大破呂布。

曹操斷定呂布的敗軍和陳宮的主力部隊會合後，經過重新整編，必會立刻再次進攻巨野。因此他再次在巨野附近展開了部署，決定和呂布、張邈的聯軍一決雌雄。

曹操萬萬沒想到，他還未部署完善，陳宮就與呂布敗軍再度進攻了巨野。原來，陳宮與呂布會合後，認為捨棄薛、李軍隊，會使呂布領袖形象受損，因此不等軍隊重編，便緊急要求呂布再度進攻巨野。這樣一來，曹操不免有些措手不及。面對兵臨城下的呂布大軍，曹操別說是拿自己的後勤部隊進行會戰，就是連守城也絕沒有獲勝的可能。

情急之下，曹操大膽採用了「空城計」。他下令把戰旗全都收起來，並讓一些婦女把守營寨，自己則率領一千多名後勤部隊，全部整齊地排列在營外。

陳宮和呂布等人攻到巨野附近，聽說曹操竟以婦女把守營寨，擔心有詐，便帶陣前瞭望探查。

陳宮發現曹操屯營的西邊有個大場院，而南邊又有一大片樹林，料想以曹操之奸猾，定在林中藏有大量伏兵。眼前天色昏暗，不好細查，只好建議呂布將軍隊駐在距離曹營南方十餘里的位置，明晨再作打算。呂布欣然同意。

利用這短暫的夜間，曹操派出大量使者，緊急調回不少部隊。但曹操並沒有將調回的軍隊安排至城中的各個路口，而是將一半的兵力暗藏在堤下，堤上仍只擺出一半的部隊。

此時，呂布根據夜間的諜報得知，原來大部分曹軍都在週邊一時根本趕不回來，再回想當天的曹軍佈局，斷定曹操肯定是兵源不足才故意擺出一副泰然自若的架勢。可恨的曹操竟然欺騙了他，於是呂布未等天明便採取了主動進攻。

呂布首先以輕騎兵攻打堤上的曹軍，當先鋒隊即將接近曹軍時，萬萬沒料到，堤下埋藏了伏兵。呂布的騎兵受到了堤下伏兵的重創，紛紛掉過頭來往回跑，這時後面衝上來的步兵主力不知前方為何後退，竟也跟著一起往回跑。呂布大軍潰不成軍，曹操順勢以騎兵掩護步兵並進，長驅直入，再次大破呂布。

呂布、陳宮無奈之際只得放棄兗州，投奔了徐州的劉備。

興平二年十月，漢獻帝正式任命曹操為兗州牧。

如此一來，曹操終於有了一塊自己的根據地，進可攻，退可守，不像劉備開始時那樣四處顛沛流離，難以成事。

「根」與「本」同義，「深根固本」比喻要建立牢固的根據地，始能與敵人爭天下，「深根固本以制天下」。曹操吸取教訓，採納荀彧之諫，先鞏固所據之地，招賢納士，訓練兵馬，養精蓄銳，破濮陽，擒呂布，敗袁紹，稱雄北方。

戰爭時間有長有短，而要取得戰爭的勝利，還得依靠政治家長遠的戰略眼光。戰爭的勝負不僅取決於戰術上的高明，也由戰略上的深謀遠慮決定。曹操正是有了長遠的眼光，實力才會日漸雄厚，終成霸業。謀大略必須具備長遠的目光，同時還要有全域觀念。只有把握大局，才能做出高瞻性的決策，才能在實際過程中運籌帷幄，把握航向。凡事從大處著眼，從小處著手，這樣事業才會順利進展，成功的機率才會大大增加。

5 心有多大，舞臺就有多大

一個人的高度，決定於他所擁有的眼界，正所謂「心有多大，舞臺就有多大」。眼界指一個人視力所及的範圍，也指一個人讀書、涉世的廣度。它受制於兩個因素，其一為立足位置的高低，其二為視角的大小。立足太低，只能觸及近物；視角過小，容易犯迷糊。通常說來，眼界的大小最終決定其成就的高低。

嬴政統一中國後，於西元前二一五年的春天派大將軍蒙恬北伐匈奴後，為了進一步鞏固北部邊防，又命令蒙恬率部在那裡構築長城，用以阻止匈奴的入侵。

嬴政曾對蒙恬說：「我們雖然將匈奴從河南等地趕走了，但這個民族很頑固，在過去他們就長期與中原為敵，所以說他們對秦國的威脅仍然存在。北方邊疆地域廣闊，人煙稀少，要全面防禦是有困難的，因此，我們要向過去的幾個諸侯國學習，將舊長城連起來，築成萬里長城。」

蒙恬說：「這是一個很有意義的舉動，但北方邊疆很荒涼，而且地勢險惡，給修長城帶來了很大不便，依我看這項工程非一日之功，需要時間，需要人力，需要財力，需要物力。」

這時的嬴政已不是過去的秦王了，望著蒙恬大手一揮，講道：「這個問題你不要發愁，這是關係到我們子孫後代的工程，不管花多大代價也要把它修好。」

這的確是一項浩大的工程。

蒙恬根據秦始皇的指示，率幾十萬人馬投入工程修建之中。這次修建在很大程度上是將戰國時秦、趙、燕等國的舊長城加以維修，並把它們連接起來，在北方邊疆形成屏障。

據有關文獻考證，秦始皇當時修造的長城西起臨洮，東至江東，綿延萬里。因為修建狀況不太相同，可以分為三段。

第一段西起甘肅臨洮，東至內蒙古九原。這一段長城的其中一部分是在秦國的舊長城的基礎上修繕的。從甘肅榆中至明山，也就是現在蘭州以西至內蒙古包頭一段，是利用了趙國的舊長城，同時還利用黃河這一天然屏障，將大批軍隊駐紮在此地，這段長城在當時是西北部防禦匈奴入侵的最前沿陣地。

第二段是從雲中至代郡。這一段也有部分是利用了趙、燕的舊長城。

第三段是從代郡至碣石。東端究竟在何處，自古以來說法不一。有人考證說在北省北戴河至秦皇島的金山嘴。

們可以想像，在兩千多年前交通不便、生產落後的情況下，秦長城的修建無疑是付出了很大代價。現在我們看到的長城沿線，不是荒漠草原，就是深溝高山，在這樣的地方施工困難重重。八達嶺長城上的砌牆石條有的長達二十米，重兩千多斤，將這麼重的石條運到陡峭的高山上，工匠們付出的辛勞很難想像。

嬴政修長城是出於軍事需要，因此，從構造上來說充分體現了他的軍事戰略思想。長城由關隘、城牆、城台、烽燧四大部分構成。

關隘也叫關城，設在高山險要處，扼守要衝，便於以較少兵力抵禦較多敵人，有「一夫當關，萬夫莫開」之功能。城牆是長城的主體結構，通常情況下是隨地形而築。城台分牆台、敵臺、戰台三種。烽燧又稱烽火臺，大部分建在高山頂上或平地轉彎處，是用來傳遞軍事信號的。

現在我們看到的長城基本上都是土築或石砌的。城牆平均高約七十八米，凡是山勢陡峭的地方城牆都要低一點，凡是平坦的地方城牆都高一點。

城牆內部較低，外部較高。牆基平均寬六十五米左右，頂部高達五點八米。在牆身內部的側面每隔一段設有一個券門，即用磚砌成的圓形頂門，有石梯通往城牆頂部，守城士兵可由此上下。

城牆上每隔半里左右有一個高出來的檯子，分為兩種。

一種叫做牆台，檯面與城牆頂部的高矮基本上差不多，只是出來了一部分，外邊砌有跌口，臺上還有遮風雨的銷房。這就是巡邏放哨的地方。

另一種叫敵臺樓，分上下兩層，下層有幾間小房，是供士兵住宿的地方，上層設有專門的射擊口。

敵臺樓上還有放煙火的設備，是專門用來傳遞情報的。如遇有敵情，白天就放煙，夜間則放火。

嬴政為了加強對北方匈奴的防禦，在長城沿線也佈置了許多兵力，這種佈防是根據當時的實際情況而定，具有戰略意義。

北方邊陲荒涼，光靠軍隊來維護這裡的安全是不夠的，自從蒙恬將匈奴擊敗，修築了萬里長城後，秦始皇就認識到了這個問題。

他曾對大家說：「現在的北方是平靜了，但我們對匈奴的打擊力度不夠，他們遲早會越過長城搗亂。那裡大都是荒涼之地，地域遼闊，人跡罕至，我們一是要派重兵把守，二是要往那裡移民，設置地方政權機構，這樣北方邊境地區的安全就有了保障。」

由於長城的修建和嬴政對北部邊疆的統治，使中國漸漸消除了胡人入侵的隱患，長城成了中國對付外來侵略者的堅實陣地，在冷兵器時代，這種防禦方略上的地位和作用十分重要。據點固守，進退自如，致使匈奴不敢輕易來攻。

從此，在一個相當長的歷史時期，河北、河南、陝西、甘肅、寧夏、內蒙古、遼寧等地的人民有了安居樂業、建設家園的和平環境。

俗話說：「站得高，看得遠。」立足的位置高，看人、看事、看物、看世界必然廣遠，必然比別人超前，看問題必然比別人深刻且有高度。處在同一位置，站在同一起跑線上，他們清楚地明白自己所處的位置，他們智慧的雙眼看到了自己的奮鬥方向，然後他們把目光定格在那裡，堅定地沿著那個方向，矢志不渝地奮鬥。他們不滿足於現有的位置，所以不達到更高一層誓不甘休。

—第八章—
知人善任，人盡其才

如果沒有秦始皇這個能識「千里馬」的伯樂，李斯的夢想就不可能實現。如今的領導，應該努力去做一個像秦始皇那樣的伯樂，善於發現那些有潛質而被埋沒的人才。

1 善於發現人才的長處

常言道「金無足赤，人無完人」，即使聖賢之士，名家要人，缺點、錯誤也在所難免。這就告訴我們，用人要注意揚長避短，人盡其才。造物主賜給我們一個光怪陸離、形形色色的世界，卻沒有造就一種完善無憾的生靈。米蘭、茉莉香氣襲人，花卻不怎麼豔麗；君子蘭、牡丹雍容華貴，但花卻不那麼香；玫瑰花倒是色香俱佳，卻又有刺。可見十全十美實不易得。難怪魯迅先生說：「倘要完全的書，天下可讀的書怕要絕無；倘要完全的人，天下配活的人也就有限。」

《資治通鑑．卷一》一書中就如何在選用人才的問題上，司馬光用淺顯易懂的語言打了一個生動形象的比喻，他說：「那些具有高尚道德和智慧的人用人，就像工匠和木材一樣，取它有用的部分，拋棄無用的部分。所以像杞柳和梓樹這樣的木材，如果樹圍有大，即使有幾尺朽爛了，有技藝的工匠也不會拋棄它。」

姚賈是魏國人，出身低賤，其父曾任趙國看管城門的小卒，姚賈本人曾為盜於魏都大梁，又曾為臣於趙國，後被逐，入秦後成為嬴政的賓客。

韓非入秦後不久，燕、趙、吳、楚四國預謀聯合攻秦，嬴政聞訊後深感恐懼，召集大臣和賓客六十人，詢問對策。

嬴政說：「現今燕、趙、吳、楚四國謀劃聯合攻秦，寡人國內百廢待興，士卒連年外出作戰，百姓疲憊不堪，如何是好？」

群臣默然無語。這時，姚賈向前說道：「賈甘願為大王出使四方，使四國放棄預謀，按兵不動。」

嬴政見姚賈自告奮勇出使四國，便給他車百乘、黃金千斤，將自己的衣、冠、寶劍賜給姚賈，以壯聲威。姚賈出使後，果然使四國先後放棄了進攻秦國的計畫，分別與秦國建立睦鄰友好關係。

姚賈出色地完成使命後回到咸陽，嬴政為此十分高興，封姚賈為千戶，以姚賈為上卿。

韓非得知姚賈出使歸來後受封千戶、官至上卿，很是不以為然，便向嬴政進言說：「姚賈攜帶重金，南面出使楚、吳，北面出使燕、趙，三年之間，四國未能同秦國建立起真正的睦鄰友好關係，而重金卻已用盡，這是姚賈憑藉大王的權威和國家的珍寶，在外國私下結交諸侯，願大王明察。況且姚賈不過是大梁守門人的兒子，自身又曾為盜於大梁，在趙國擔任官職而被驅逐，今日大王與出身如此低微、品行如此不端的人共商有關國家社稷的大計，韓非私下以為這不足以勉勵群臣與賓客。」

嬴政此時正沉浸在姚賈出使四國所取得的成功的興奮之中，聞聽韓非此言，感到十分驚詫，便立即召見姚賈，向他問道：「我聽說你用寡人給予的資財私自結交諸侯，有這回事嗎？」

「有。」姚賈答。

「既然有這麼回事，那你還有什麼臉面回來見我？」嬴政面帶怒氣地問。

「大王，曾參孝於其親，天下人無不願以其為己兒；伍子胥忠於其君，天下君主無不願以其為己臣；貞女手工精巧，天下人無不願以其為己妃。今姚賈忠於大王，而大王有所不知，姚賈如果不歸資財於四國諸侯，那將如何完成出使的使命？姚賈如果不忠於大王，那四國的國王怎會相信臣下，並與秦國和好？當年桀聽信讒言而誅殺自己的良將關龍逢，紂聽信讒言而殺害自己的忠臣比干，以至於身死國亡。今日大王如果聽信讒言，那左右就不會有忠臣了。」

姚賈的一番回答，使嬴政的怒氣消釋了大半。嬴政又接著問道：「那我再來問你，你到底是不是監門之子、梁之大盜、趙之逐臣？」

姚賈回答說：「當年的姜太公，在齊國時曾被他的老伴以不治產業為由，將他趕出家門；後來到朝歌以賣肉為生，可是無人買他的肉，以至於案上的肉腐臭生蛆；被子良用為臣，不久又被逐；在棘津垂釣，但魚都不食餌上鉤；不得已去出賣苦力，可是卻無人雇傭，然而文王見太公用以為軍師，終於稱王於天下。

「齊國的管仲，原不過是鄉間的一名小商販，後來隱居於南陽，窮困潦倒。他曾輔佐公子糾刺殺齊桓公，事敗被俘，成為一個囚徒，然而齊桓公用以為國相，九合諸侯而一匡天下。百里奚曾在虞國淪為乞丐，傳說是秦穆公用五張羊皮把他從楚國贖回來，秦穆公以百里奚為相，用其計謀，終於稱霸於諸侯。晉文公率士兵在城濮與楚國大軍交戰，以曾在中山國為盜的咎犯為統帥，終於在城濮大獲全勝。

「明主用人，不看他是否有污點，不管他是否有過錯，只是考察他對自己是否有用。所以，對凡是能存社稷、保國家的人，雖然有外人誹謗，不予聽信。而對那些徒有高世之名而無咫尺之功的人，不予賞賜。如此，群臣便不敢以虛名企望君主給予功名利祿了。」

嬴政認為姚賈講得很對，便再次派他出使四國。

在《西遊記》中，扶保唐僧西天取經的有三個人：孫悟空，豬八戒，沙僧。其中前兩人都有明顯的缺點，經常惹是生非，而沙僧則老實木訥、安守本分。但在通往西天的道路上，降妖除魔的工作主要是由孫悟空、豬八戒二人完成的。有本事的人總會有這樣那樣的缺點，但畢竟瑕不掩瑜，作為一個好「老闆」，更要深諳此道。

鄧艾從小是個孤兒，做過放牛娃，有口吃的毛病，說起話來結結巴巴，常常憋得臉紅脖子粗。像他那樣的人想要做官是沒有什麼指望的。

但鄧艾從小喜歡武藝，愛看兵書，每見高山大河、形勢險要的地方，他總要指指點點，結結巴巴對人說：「這……這……這裡駐一支兵……兵馬，敵……敵人就……打不進來。」人們都笑他人小心大，做不了文官還想當武將。

後來，鄧艾真的被司馬懿看中，做了尚書郎。他做官之後，特別注重興修水利，發展農業生產，為軍隊積聚糧食。他還派人疏通航道，以便戰時運輸軍糧。

景元三年冬初，鄧艾率領的伐蜀軍隊到了陰平，再往南走，就是現在四川的松潘地界了。從陰平到松潘，中間得走過七百里杳無人煙的荒僻小道。這一帶山勢特別險峻，到處是懸崖峭壁，不但行人感到艱難，連猿猴到了這裡也會發愁。正是因為如此，蜀漢在這一帶沒有駐兵設防，而是把重兵駐在離陰平幾百里的劍閣。

鄧艾說：「敵軍已經遭受挫折，應該趁勢進軍。如果從陰平小道經漢中的楊亭到涪城，出劍閣西一百里，去成都三百餘里，奇兵衝擊腹心，出其不意，攻其不備，防守劍閣的部隊必然回來援救涪城，這樣鍾會就可以率戰車並列前進。如果劍閣的部隊不去增援涪城，則救援的兵力就很少。」

鄧艾經過仔細勘查，選定了一個山口，用氈毯把自己包裹起來，冒險從山上滾下去，試探進攻的道路。士兵們看主將這樣勇敢，大受鼓舞，也個個奮勇爭先，攀著樹木和葛藤，蹬著刀砍斧削的峭壁，跟著前進。幾天以後，他們好像一支從天而降的神兵，突然出現在劍閣的後方江由。鄧艾派一部分人留守江由，切斷駐在劍閣的蜀將姜維的道路，自己則帶著另一部分人去進攻綿竹，殺了綿竹的守將諸葛瞻，繼續向成都進軍。

綿竹一失，成都已無險可守。蜀軍料想不到魏軍突然到達，陷於混亂不聽指揮。老百姓聽說鄧艾大軍已進入平原地區，驚慌失措，紛紛向山澤逃去，一片混亂。蜀漢群臣紛紛議論，劉禪最後採納譙周的建議，向鄧艾投降，並派人傳令堅守在劍閣的姜維等一併投降。姜維得知諸葛瞻戰死，急撤軍援救，後來又接到劉禪的降書，只好投降鐘會，蜀國宣告滅亡。

鄧艾「出其不意，攻其不備」，猶如一支奇兵從天而降，重重擊潰了蜀軍。魏軍能夠三個月滅蜀，鄧艾這支奇兵功不可沒。

昔日口吃，今為奇將，沒有司馬懿獨具慧眼，大膽擢升，鄧艾是不能成為傳奇人物的。口吃是個貽笑大方的缺陷，而司馬懿卻大膽提拔，可見他是個從現象見本質的擇才好手，認定鄧艾是個將才，這在鄧艾破綿竹天險中得到證實，不能不佩服司馬懿的預見能力。

鄧艾因為口吃，世人都笑他，連話都說不清楚還想當武將？可是偏偏司馬懿就助鄧艾實現了當武將的願望，因為他看到了鄧艾口吃的背後是他的膽識和才略，這一點超越了常人。試看，蜀道之難難於上青天，綿竹關隘可說是「一夫當關，萬夫莫開」，然而愈是天險，愈是絕處逢生，鄧艾包裹上氈毯就從山上滾下來，身先士卒、不畏生死的膽識誰能企及？

世人只知口若懸河、天花亂墜的雄辯家，殊不知那些有語言障礙的人也有不可估量的潛力和特長。既然是擇才者，對於鄧艾這樣的人才類型，明智的選擇是看優秀的部分，而不是缺陷的部分，這樣才能把人才正確地選拔出來。

從辯證的角度看，一個人有其長處，也就必然有其短處。每個人都有其出色的一面，也有其所不能的一面。對於創業者而言，首先需要做到知人善任，要善於發現人才的長處，並應勢利導，加以利用，而不能求全責備，只有這樣，才能營造起人才濟濟的局面。

2 唯才是舉，英雄不問出處

中國有句古話，「英雄不問出身」。說的是，只要是英雄，就不必問他出身高貴還是低賤，能爲我所用就行。也許，在這個世界上最難的就是識人了。如果預先就知道此人是一位英雄，接下來直接可以錄用，沒有必要問他的來路出身，但識人之難，千古同歎，更何況時下包裝術、整容術甚至易容術大盛，要識英雄又談何容易？無奈之下，也只好以出身辨英雄，時勢使然。

只要是英雄不要問來歷出身，要從人才自身去發現和識別人才，做到用才不拘一格。做一個有「心機」的人，只要是有用的人才，就要打破地域、年齡、學歷、親疏等限制，進行大膽地用其「才」。一個人的出身並不能代表他的真才實學，他的能力，打破這種傳統，才能成就一番真正的大事業。

李斯本是楚國上蔡的一個平民，年少時，為郡小吏。李斯素有大志，他很聰明。據說，在擔任鄉間小吏的時候，他目睹廁中群鼠偷食污穢的食物，經常遇到人來狗撵而倉皇逃竄，又觀倉中之鼠，「食積粟，居大廡之下，不見人犬之憂」。

這時，李斯感慨萬千，喟然歎曰：「人之賢不肖譬如鼠矣，在所自處耳！」意思是一個人要想出人頭地，獲得榮華富貴，就必須想方設法提高自己的社會地位。李斯明白，自己身為小吏，正如這廁中之鼠，卑微、窮困，任何人都可以欺壓自己，而自己又毫無還手之力，要想改變這種現狀，就必須躋身於社會上層才行。

於是，李斯決心仿效倉中之鼠，擇地而處，追求功名利祿。他立志學「帝王之術」，為王霸之佐，做富貴之人。他深知成就大事業，必須拜名師，於是長途跋涉來到齊國，拜儒學大師荀子學習帝王為政之術，企圖通過學習帝王術來改變自己的地位。

荀子之學，宗本孔子，融合儒法，兼綜百家。他將先秦禮治、法制、無為而治三大思潮的精華熔於一爐，提出了比較全面、實用的政治思想體系。

李斯是一個善於審時度勢的智謀之士。幾年的時間過去了，由於天性聰敏，學習刻苦，再加之名師精心點撥，很快成為荀子的得意門生。在這期間，他致力於研究管仲、申不害、商鞅等人的著作和思想，學到了一身封建專制所必需的本領。這一切，對於他以後從政有著重大的影響。

學業有成之後，李斯反覆思考自己將要何去何從。應該到哪個地方才能顯露才幹，得到榮華富貴？李斯認真分析天下形勢：投奔楚國，楚考烈王昏庸無能，不會有什麼好的前程；投身趙國，趙國戰事連敗；北燕東齊，也自顧不暇。山東六國皆兵弱國危，都不是建功立業的地方。放眼天下，唯有西方的秦國，國富民強，兵強馬壯，猶如一隻雄獅，正注視著山東六國的一舉一動。於是，他決定到秦國去。他辭別老師，西向入秦。事實證明，李斯的這個決定是正確的。

臨行之前，他的老師荀子問李斯為什麼要到秦國去，李斯回答說：「幹事業都有個時機問題，現在各國都在爭雄，這正是立功成名的好機會。秦國雄心勃勃，想奮力一統天下，到那裡可以大幹一場。人生在世，卑賤是最大的恥辱，窮困是莫大的悲哀。一個人總處於卑賤窮困的地位，那是會令人譏笑的。不愛名利，無所作為，並不是讀書人的想法。所以，我要到秦國去。」

西元前二四七年，李斯來到秦國。當時，秦始皇因為年幼而沒有接管權力，權力都在太后趙姬和仲父呂不韋之手。而呂不韋主持國政後，沿襲戰國「四公子」的做法，廣攬天下名士，這對李斯來說是天賜良機。他經過一番努力，上下打點之後，前往相府，拜見相國呂不韋。呂不韋此時也正是用人之際，便讓李斯作為一名舍人留在門下。

李斯是有才之士，很快脫穎而出，經呂不韋舉薦，被命名為侍郎，並有了接近秦始皇的機會。在此期間，李斯看到天下形勢已發生重大變化，認為秦對六國而呈壓倒優勢，應不失時機地出兵殲滅諸侯，促成帝業。因此，他想乘機進諫嬴政。可是嬴政並非輕易可見，他只能日復一日地苦苦等待。

有一天，李斯終於等到了一個機會。他一見到嬴政，就迫不及待把自己的「帝王之術」拋了出來。李斯借機與年輕的秦王縱論天下大事，分析政治格局，提出一套殲滅諸侯、併吞六國、創建帝業的謀略。如此鴻篇大論，說得秦王雄心大起。秦王聽完後大喜，立刻擢升李斯為長史。

李斯從此得以參議軍國大政。在聽取李斯的謀劃後，嬴政綜合運用軍事、外交、間諜等手段對付諸侯，收買其權臣，刺殺其名士，離間其君臣，一旦時機成熟便大軍壓境。從秦始皇元年至九年，史書所見，秦國僅對魏國的大規模軍事行動就有六次，嬴政對魏國進行了毀滅性的打擊。由於這一正確策略的實施，嬴政才得以續六世餘烈，振長策而御宇內。也由於這一政策的成功，李斯得以躋身於客卿之列。

客卿其實是春秋戰國時代的一種官職，級別為卿，而受到客禮相待。在秦國歷史上，有很多外來人才都曾經獲此職位，並得以建功立業、青史留名。從此之後，李斯協助嬴政，經略天下，總理萬機，對秦朝的建立做出了重大貢獻。他以法家思想為主，兼蓄儒家一些思想而成的「帝王之術」在秦國得到了充分的運用。「滅諸侯，成帝業，為天下一統」的戰略性構想將李斯和嬴政緊緊地連在了一起。李斯已經成為嬴政不可或缺的得力助手，更是嬴政智囊團中的關鍵人物之一，在歷代宰相中，李斯的才幹、謀略與功業也罕有匹敵者。

李斯的成功，從他自身的內在條件說，是憑藉他傑出的個人才華。李斯雖然自比「倉鼠」，但絕算不上尸位素餐。他先為秦統一六國出謀劃策，統一後又提出郡縣制、統一度量衡和文字，為整個秦帝國的政治、法律、文化的建設作出了巨大的貢獻。

同時，如果沒有嬴政這個能識「千里馬」的伯樂，李斯的夢想就不可能實現。李斯成功的外在條件是當時強秦欲吞併六國的形勢和嬴政要達成一統天下的野心。嬴政遇到李斯，兩個人珠聯璧合，李斯才有了施展才華的機會，並得到了嬴政的絕對信任。

所以，李斯從荀子那裡學成帝王術後，從一個上蔡的「閭巷布衣」，靠著自悟的「成功哲學」和從荀子那裡學來的「帝王術」，終於成了大秦帝國的丞相。用他自己的話說，「可謂富貴極矣」。

的領導，應該努力去做一個像秦始皇那樣的能識「千里馬」的伯樂，善於些有潛質的人才。爲此，我們首先應做到聞其聲察其行。善於用人者，應有自己獨到的見解，保持清醒的頭腦，不爲他人和外界雜事所干擾。雖然大多數人難免都會人云亦云，「馬太效應」時時存在，有人說好，說好的人就越多；有人說不好，也會有人跟著說不好。但人才在不被人發覺的時候，「馬太效應」對他起不到任何作用。加上別人對他吹捧得不到什麼好處，因此，往往人們稱讚潛在人才都是比較真誠的發自內心的。對於用人者來說，一定要注意那些被人稱讚的普通人，因爲這樣的普通人很可能就是你苦苦尋找的「千里馬」。

西元前六二八年，從鄭國退兵的秦穆公得知鄭國又與晉國交好，認為鄭國騙了他。於是趁晉文公重耳病亡，晉襄公剛即位，晉國上下正忙於國葬之際，與留在鄭國守北門的三個秦將做了裡應外合的密謀，派孟明視為大將，西乞術和白乙丙為副將，率三百輛兵車偷襲鄭國。

鄭國有個叫弦高的牛販子，正趕著一群牛去洛陽賣。他在途中碰到剛從秦國回來的好友蹇他，得知了秦國欲偷襲鄭國的消息。弦高想到自己的國家危在旦夕，百姓生命財產就要遭到損失，強烈的愛國思想讓他急得團團轉。

弦高心想這裡離鄭國都城還有兩天路程，秦軍指日即到，通知鄭穆公已經來不及了。他突然急中生智，決定扮作鄭國特使，冒稱受鄭穆公之命，中途慰勞秦軍，給秦軍製造鄭國已知秦軍偷襲的消息和做好迎戰準備的假像，誘騙秦軍退兵。於是弦高一面派人抄小路通知鄭穆公，一面挑選了十二頭肥牛和四張熟牛皮，穿著官家服裝，乘著馬車，帶著隨從，在秦軍必經之路等候秦軍。

弦高等了不久，秦軍果然浩浩蕩蕩地開過來。他往前攔住去路，拱手作揖，並高喊道：「鄭國使臣弦高，受國君派遣，專程來此慰勞貴軍，求見孟將軍。」

孟明視不禁大吃一驚，暗想這次偷襲本是絕密行動，鄭國怎麼會知道，這麼遠派使臣來，必定有細，隨即下馬接見來使。

弦高說：「聽說秦國軍隊要去鄭國，不知是路過還是協助鄭國搞防務。鄭國雖小，為了自己的安全，將士們經常日夜輪班，警惕地守衛著每寸領土。如果有人敢來侵犯，鄭國是有能力把他們驅逐出境。如果秦軍是為了幫助鄭國搞防務，那就不用了。國君特派我為特使，帶了十二頭肥牛和四張熟牛皮，前來犒勞秦軍，請將軍笑納。」

孟明視聽出來者話裡有話，知道鄭國不僅得知秦國的偷襲計畫，還做了防禦準備，弦高前來定是先禮後兵。只好推說他們不是去鄭國，只是路過罷了。對鄭國的請弦高代向鄭國國君致謝。說罷，繞道攻佔了滑國，然後率軍回國。

鄭穆公接到弦高送來的報告後，立即派人到北門觀察守門的秦軍動靜。只見秦軍刀槍擦得雪亮，馬匹已經餵飽，乃知弦高的通報屬實，於是緊急動員全國準備迎戰秦軍。忽然探子來報，前來偷襲的秦軍已被弦高用勞軍之計退了。鄭穆公如釋重負，於是派人對三個守北門的秦將說：「你們整裝待發，定是想回國了。國君現在已經知道，特派我來相告，你們離家兩年了，思鄉回國是人之常情，那就請便吧。」等候秦軍已久的三個秦將知秦軍已退，大事洩露，只好連夜率軍回秦。

鄭穆公對弦高在這一國難當頭之際的行動深為贊許。他連忙召見弦高，親自出城迎接他，並設宴款待了他。在宴會上，穆公當眾說：「弦高這個為救國而自命的特使當得好。他不用一刀一槍，智退了前來偷襲的秦軍，立了驚世奇功，是鄭國的一流人才。」說罷，封弦高為軍尉。

人才，無論出身高低，只要有才就大膽拿來用。出身、地位這些外在的東西，都是人才自己不能選擇的。只要是真正有本事的人，何必計較他的出身呢，用人最關鍵的是看他的能力。

3 不拘一格，大膽啟用年輕人

有「心機」的成功者，善於任用冒尖的人才或天才。有人說，「人才源於膽量」，此話並不全無道理。如果能夠大膽使用人才，就會使之成爲大才；反之，也會淹沒人才。

一個十二歲的孩童，只要他是人才，嬴政也敢大膽啟用。歷史傳說，甘羅小小年紀被拜為上卿，嬴政對他的評價是「孺子之智，大於其身」，並對他加以重用。

西元前二四四年，燕太子丹入秦為質，秦相呂不韋準備派遣將軍張唐去燕為相。可趙王對秦將張唐恨之入骨，曾懸重賞要他的人頭。這次，去燕國必經趙國，這對他非常不利，張唐考慮再三，別無良策，只好裝病躲在府中不外出。

呂不韋聽說張唐病了，十分意外，早不病晚不病，恰在讓他赴燕的時候生病，便親自登門造訪。後來，呂不韋明白其中的原因，不好強迫，悶悶不樂，回到相府。

呂不韋府內有一個叫甘羅的人，此人是原秦國舊相甘茂的孫子，當時只有十二

[illegible]在他祖父的教導下，從小就聰明機智，能言善辯，深受家人的喜愛。甘羅小小年紀，就投奔到秦相呂不韋的門下，做他的才客。

有一天，呂不韋回到家裡，臉色非常難看，看上去十分惱怒的樣子，甘羅見狀，就走上前問道：「丞相，你有什麼不順心的事嗎？我可以給您解解悶氣，能夠替您排憂解難。」

呂不韋心想，小小年紀懂什麼，於是揮揮手說：「別煩我，快走開，否則我生氣了。」

「作為您的門客，就要幫您出謀劃策，您不把您的心事告訴我，即使我想幫忙的話，也束手無策啊！」甘羅高聲說道。這時，呂不韋見他說話挺自信的樣子，就把讓張唐去燕為相的事情說給甘羅聽，隨口說自己因此不悅。

「哈哈，原來是這樣一件事，丞相何不讓我去勸勸他？」甘羅聽後笑道。

呂不韋生氣地罵道：「小孩子不要口出狂言，我自己請他他還不去，何況你小小年紀，一邊玩去。」

甘羅還是不走，沉默了一會兒說：「我聽說，在古時候，項橐七歲的時候就被孔子尊為老師，我現在已經十二歲了，比他還大五歲，您為何不讓我去試試，如果不成功的話，您再責備我也不遲啊！怎麼動不動就罵人？」

呂不韋看到甘羅語出驚人，心想，我堂堂丞相親自去請都吃了閉門羹，你一個毛蛋孩子能說動他，那才是太陽從西邊出來。可他一想到甘羅說的話也有一定道理，何不讓他去試試，死馬當活馬醫。於是，呂不韋忙對甘羅說：「好吧，如果你能夠說服張唐去燕國為相，我可以封你為卿。」

「一言為定，駟馬難追！」甘羅高興地跳起來，呂不韋卻不以為然，便點頭同意了。

甘羅拜別呂不韋走了出去，他要以呂不韋門客的身分去拜見張唐。他來到張唐府門，府上的人以為是哪位家臣的孩子，也沒過問就讓他進去了。

甘羅見到張唐說：「我是甘茂的孫子甘羅，現在是丞相呂不韋的門客，從丞相那裡知道將軍必死的消息，曾聽爺爺說我們兩家原先交情篤厚，特來告知一聲，也順便問將軍幾個問題。」

張唐聽了大怒：「小孩子怎麼能這樣說話，我怎麼會死呢？看在咱們兩家關係不錯上，你有什麼問題快問？」

甘羅笑道：「將軍，息怒，聽我給你講講其中的原因。」接著說：「請讓我問將軍兩個問題。第一，您的功勞與武安君白起比起來，哪一個大？第二，應侯范雎得昭王寵幸，文信侯呂不韋受到當今秦王寵幸，哪一個更受寵？」

張唐說：「武安君白起打勝仗的次數，連記都記不清了，攻地奪城不計其數。我哪敢跟武安君白起比功呢？應侯范雎當然不如文信侯受寵！」

甘羅聽了笑道：「應侯準備攻打趙國，趙國派武安君白起為將，武安君不去，被賜死在距離咸陽只有十里的杜郵。而今文信侯親自請大夫去燕國為相，而你卻敢不去。像武安君這樣的人尚且不能被應侯所容忍，你想文信侯會容忍你嗎？這樣看來，我不知道你將死在哪裡！」

甘羅這樣一比較，張唐不由得直冒冷汗，結結巴巴地問：「是丞相派你來催命的吧？」

「哎，假如丞相真的來催命，就不會讓我來了。我是聽到風聲專程來報知將軍的，丞相現在只是生氣，還沒有對張將軍動殺機，還有補救的機會。」甘羅搖頭說道。

甘羅接著又說：「如果你願意去燕國的話，我願意替你先到趙國去一趟。」

張唐連忙稱謝答應，請他回去稟報丞相。甘羅回去把情況告訴呂不韋，呂不韋聽了很高興，甘羅說：「張唐雖然不得已答應去了，可經過趙國時可能還會遇到麻煩，我想先到趙國為張唐疏通疏通。」

呂不韋聽了甘羅的話非常驚訝，現在已經相信了他的才能，想了一下就答應了，並把這件事稟報給嬴政說：「昔故相甘茂之孫甘羅，年紀雖小，但是名家子孫特別聰敏。張唐稱病不肯去燕為相，我親自勸說都不頂用，甘羅去和他一談，張唐就答應了，忙來謝罪。現在甘羅又請求替張唐先去趙國疏通疏通，請大王您派他去吧！」

於是，嬴政召見甘羅，只見甘羅身長只有五尺，長得眉清目秀，猶如圖畫般。嬴政心裡很高興，問道：「那你見了趙王後要說什麼呢？」

甘羅說：「我要先看趙王喜歡什麼，害怕什麼，看準機會再和他說話。講話如同湖中之波，隨風而變，哪裡可以事先決定？」

嬴政也沒說什麼，見他口齒伶俐，對答如流，就答應了他，給他十輛車、百餘名僕從，讓他出使趙國。

秦國使臣赴趙的消息早有信使報到邯鄲，當甘羅來到距邯鄲城外二十里的郊外時，趙襄王親自率領文武大臣在此恭候多日。

不料使者竟是一位十來歲的少年，趙襄王心中暗暗驚奇，頗帶諷刺的語氣說：「秦國的年長者都戰死疆場了嗎？否則，怎麼派一個街頭玩耍的孩子來我趙國？」

甘羅施禮後，給趙襄王講了一下春秋時期晏子使楚的故事，並答道：「大王，人才濟濟，秦王用人各用其長，年長的人任用大事，年幼的人任用小事，我甘才十二歲，當然只能做一些出使趙國的小事了。」

趙襄王見甘羅口齒伶俐，通今博古，不敢再出言相戲，訕訕問道：「曾經為秦國開闢三川之地的丞相甘茂是先生什麼人？」

甘羅說：「那是臣的祖父。」

接著，趙襄王便轉入正題問：「先生光臨敝國，不知有何指教？」於是，甘羅把燕王喜已將燕太子丹送到秦國為人質及張唐即將出任燕國軍相的事一一說給趙襄王聽，並說：「這很明顯，燕秦聯好，互不相欺，趙國卻夾在秦國和燕國之間，兩國聯合，趙國就危險了。」

其實，趙襄王並不懂兵法，也不想打仗，他沉默一會兒，問道：「先生來趙決不是僅僅告知本王秦燕結盟伐趙的事吧？」

甘羅正中下懷，朗聲說道：「當然不是，不瞞大王說，秦王是為了擴大河間的領土。由於趙國還算強大，必須聯合燕國才好辦事。當然如果趙國能夠同秦國搞好關係，燕國也就孤立了。那時大王想如何對付燕國，秦國都可以中立，不聞不問。」

這時，趙悼襄王迫不及待地問：「既然秦國已經先跟燕國聯合，怎麼肯背燕親趙呢？」

甘羅心裡暗自高興，並說：「大王，如果割讓河間五座城池給秦國，滿足秦王的這個願望，那我可以回去向秦王稟告，使秦王命張唐不要去燕國，將燕太子丹遣送回燕，反過來與趙國和好。趙國去攻打弱小的燕國，秦國袖手旁觀，趙國又豈止奪取燕國五城呢？」

最後，趙悼襄王懾於秦、燕聯合的威脅，答應了甘羅的請求，將河間五城的圖籍交給秦國，饋贈甘羅許多貴重禮品，求他促成秦、趙友好。甘羅成功地完成使命，回到了秦國。

第二年，趙國大舉進攻燕國，奪取城市三十座，又將十一座獻給秦國。嬴政兵不血刃，平白增添了大片領域。甘羅年方十二，就已經憑自己的智慧周旋於王侯之間，並且不費一兵一卒使秦國得到十六座城池，官封上卿，這在中國歷史上可以說是絕無僅有的。

可以說，沒有呂不韋的善於識人，沒有嬴政的敢於用人，甘羅一小小少年，沒有任何社會地位，縱有雄才大略，也難以有用武之地，也就不可能立下大功。

自古英雄出少年，甘羅是秦朝著名的少年政治家，小小年紀就表現出不凡的膽識。呂不韋善於識人，並敢於把他推薦給嬴政，而嬴政也敢於用人，讓這樣輕輕的少年擔當重任，出使趙國，使得甘羅建立了具有傳奇色彩的功績，歷史上留下了一段佳話。

關羽被殺後，劉備傾一國之力親自帶兵伐吳為關羽報仇，吳蜀戰爭的開始階段，蜀軍勢如破竹，東吳連連敗退，形勢十分危急。孫權求和不成，缺乏領兵之將，一時舉止失措，因為過去東吳外事「全憑周郎」。周郎死了，由魯肅代之，魯肅死了由呂蒙代之。現在呂蒙也死了，誰能領軍與劉備抗衡呢？

這時，謀士闞澤：「現有擎天柱，如何不用耶？」孫權急忙問是誰，闞澤舉薦陸遜：「此人名碎儒生，實有雄才大略，以臣論之，不在周郎之下。前破關公，其謀皆出於伯言（陸遜字）。主上若能用之，破蜀必矣。」

闞澤的話提醒了孫權：「非德潤之言，孤幾誤大事。」然而，啟用陸遜總率東吳兵馬，並不是一件容易的事。張昭、顧雍先後出來阻撓。顧雍說：「陸遜年幼望輕，恐諸公不服，若不服則生禍亂，必誤大事。」在用人上極有魄力的孫權，果斷地說：「孤亦素知陸伯言乃奇才也，孤意已決，卿等勿言。」

陸遜乃一年輕後生，感到自己並不服眾便對孫權說：「江東文武皆大王故舊之臣，臣年幼無才，安能制之？」孫權說：「闞德潤以全家性命擔保，孤亦素知卿才，今拜卿為大都督，卿勿推辭。」陸遜又說：「倘文武不服，何如？」孫權取出自己所配之劍給他，說：「如有不聽號令者，先斬後奏。」陸遜又要求道：「荷蒙重托，敢不拜命。但乞大王來日會聚眾官，然後賜臣。」就這樣，孫權命人連夜築壇完備，大會百官，請陸遜登壇，拜為大都督、右護軍鎮西將軍，進封婁侯，賜以寶劍印綬，命掌六郡八十一州兼荊楚諸路軍馬。

對於陸遜的任命，不僅文官不服，老將韓當、周泰等也不服氣。韓當說：「命此孺子為大將，東吳休矣！」劉備聽說東吳起用陸遜為大都督，更不放在眼裡，說：「朕用兵老矣，豈反不如一黃口孺子耶？」然而結局如何呢？陸遜沒有辜負孫權的重托，採用後發制人的策略，火燒連營七百里，給蜀軍以毀滅性的打擊，取得了彝陵之戰的輝煌勝利，可謂年輕有為。

同樣，諸葛亮廿七歲出山，大展經綸之才；周瑜十三歲拜大都督，死時也不過三十六歲。俗話說：「有志不在年高，無志空活百歲。」年輕人雖然有弱點，也有獨到的長處，比如：體格強健，精力旺盛，思維敏捷，求知欲強，易於接受新事物，
﹅開拓精神。年輕人生命里程長，施展才能的機會多，更是老年人無法企及的。

4 屈尊登門，禮賢下士

今天，一提起嬴政，一個暴君的形象立即浮現在我們的眼前。其實在歷史的塵埃裡，還有一些被遺忘的角落，比如他的用人之術，就非常值得我們學習。

嬴政用人的眼光、膽識和手段都非同尋常。他與人相處時，能屈能伸，有時候表現出相當濃郁的人情味。為了爭取到尉繚，嬴政不惜以帝王之尊與之行平等之禮。尉繚對嬴政的為人屢有微詞，嬴政卻充耳不聞，繼續大力籠絡他，其用人的胸襟氣魄，遠遠超出一般庸主之上。

而最能體現嬴政注重人才，擁有「容才之量」的胸懷的事情莫過於秦王屈尊登門請王翦了。

依靠充足的後勤保障和以戰養戰的方式，秦國大軍枕戈待發，滅魏之後下一個目標將是偏居荊湘之地的楚國。

楚國遠離中原，與吳越蠻夷、西南三苗之民爭奪生存空間。歷代楚王勵精圖治，以篳路藍縷、一鳴驚人的氣魄開創了八百年基業。強盛之時，楚莊王問鼎中原、一戰而霸。楚國一度北進佔領河南、淮海一帶，打下了天下最廣闊的疆域。與此同時，秦國仍然被晉國挾制困守西北。

當年伍子胥為報父仇，引吳兵攻破楚都。楚國大臣申包胥入秦求援，得秦國相助，楚國才得以驅逐吳軍。但是在生存空間的爭奪下，楚國不能感恩，只能恩將仇報，處處壓制秦國。因此，兩國雖有聯姻傳統，卻一直鉤心鬥角，貌合神離。秦國經過商鞅變法，國力大增，將攻守之勢扭轉，楚國理所當然地成為了秦國重點的「照顧對象」。

千年之木壞於蟲蠹，泱泱之國也難以逃脫政治腐敗的厄運，楚國由強變弱的根本原因是政治的腐敗。考烈王錯信春申君，導致李園兄妹乘虛而入。春申君謀國不成，反被滿門誅滅。楚國一度陷入動盪不安，給秦國以可乘之機。滅魏的同一年，嬴政採用李信的建議，派李信和蒙武領兵二十萬伐楚，揭開了攻滅楚國的序幕。楚國雖已日薄西山，但依然保有大國氣象，憑藉楚國的軍事力量，完全有能力與秦國進行一場惡戰。秦軍雖挾滅韓、趙、魏、燕之勢，想要一舉滅楚，也並非易事。楚國非四戰之地，周圍皆是小國，無腹背受敵之憂，可以安心養精蓄銳。雖然君弱臣強，權臣內鬥，外戚干政，但良將猶在，三軍可戰。楚國歷經數百年的發展，促成、文化的基因和荊蠻之地的血統融合。這將楚將悍勇、楚兵彪悍表現得淋漓盡將項燕與秦將王翦、趙將廉頗一樣都是馳名於當世的名將。

楚國坐擁江南膏腴之地，物產豐富，地廣人眾。儘管秦軍有二十萬大軍，一旦進入楚地，也會像灑進大海裡的一把沙子，根本不起眼。楚國地界太大，讓李信無法抓住攻擊的要點，主動尋求楚軍決戰，只能落得被動挨打的份。

李信、蒙武兵分兩路：一路進攻平輿，一路攻打寢地。不久，兩軍就在楚國的城父勝利會師。如此輕鬆的勝利，讓李信清醒的頭腦失去了理智，不待穩定佔領區域，就指揮大軍繼續南下。秦軍孤軍深入，將戰線拉得越來越長，為楚國提供了各個擊破的機會，對自己麻痺大意就是給敵人可趁之機。楚將項燕趁秦軍輕敵無備，發起了突然襲擊，很快占其兩座營壘，殺死七名都尉，將秦軍驅逐出楚地。一石激起千層浪，秦國新敗立即讓關東的局勢有所改變。項燕帶領楚國大軍越戰越勇，不斷西進收復失地，韓、趙、魏、燕殘餘勢力也蠢蠢欲動，準備借此機會復國。

領導者的氣魄，不僅體現在所取得的成功，還表現為對錯誤的認識。秦國攻楚之前，嬴政曾經諮詢過老將王翦的意見。王翦提出需六十萬大軍，才能攻克楚國。嬴政以為王翦老邁，不復當年的血勇，就放棄了王翦的建議。秦國如今陷入被動，急需一場巨大的勝利來遏制楚國的攻勢和另外幾國的異動。嬴政意識到自己決策上的失誤，便親自到頻陽，紆尊降貴請老將王翦再次出山。

面對自己的失誤，一般帝王很難拉下臉面給臣子認錯，嬴政卻放下身段，親自到頻陽請王翦出山，實際上是變相地承認了自己的錯誤。亡羊補牢，為時未晚。嬴政及時起用王翦，命其率領六十萬大軍再次伐楚，成功地解除了一場創業過程中的危機。

領兵打仗素來艱險，很可能陷入在前被敵人攻伐，在後被君主猜忌的危險境地。趙國李牧就是死在趙王猜忌之下。領兵越多，危險係數越大。人老成精的王翦當然清楚自己所面對的情況，在六十萬秦軍面前，楚國的滅亡已成定局，來自楚國的攻伐也已不存在，唯有同僚的嫉妒和嬴政的猜疑是最大的危險。

嬴政親自到頻陽請王翦，看似給足王翦面子，其實也折了李信、蒙武這些將軍的臉面，而且六十萬大軍已經是秦國的全部兵力，是嬴政一統天下的最後資本。嬴政生性多疑，難免對王翦懷有猜忌之心。

為了化解即將陷入的被動局面，深諳為官之道的王翦用了一招自唾其面、自汙其身的方法。他故意向嬴政多要良田美宅，以顯示自己貪財好利，沒有遠大志向。在嬴政認為他貪財、同僚鄙夷他的為人之時，嫉妒和猜疑的中傷自然煙消雲散。

西元前二二四年，嬴政傾全國之力，命大將王翦率六十萬大軍再次伐楚。連續消耗令楚國的戰略物資出現了嚴重的短缺，為此楚國不得不放棄打持久戰的制訂主動出擊、速戰速決的戰略。項燕率領楚軍，吹響了全面決戰的號角，妄圖與秦國決一死戰。

敵人的劣勢，就是自己的優勢。秦軍外線作戰經驗豐富，後勤保障充分，老將王翦利用楚軍急於求勝之心，採取了疲敵之策。秦軍堅守壁壘、避免決戰、養精蓄銳、伺機出擊的遊擊戰術，將楚國大軍逐漸拖垮。

秦、楚相持一年，楚軍因糧草不濟，主動向東南撤退，將楚國淮北之地盡數讓給秦軍。王翦趁勢追擊，大敗楚軍的主力。趁著攻破楚軍主力的餘威，王翦一舉攻破楚都壽春，擄楚王負芻，宣告楚國滅亡。然而在楚地仍然有零星的抵抗，特別是項燕擁立昌平君之後，楚軍對秦軍再次進行了反擊。

一年之後，秦國大軍又蕩平了以昌平君為首的楚國殘餘勢力。昌平君身死，項燕自殺，楚國才徹底滅亡。

嬴政伐楚，選中李信，捨棄王翦，結果李信大敗。嬴政不惜屈尊登門請王翦，結果一舉得勝。識大體、明大義、不惜忍辱受委屈，要不然，哪來他日後的江山。

5 用人不疑，放權放膽

宋代歐陽修曾說：「夫用人之術，任之必專，信之必篤，然後能盡其才而可共成事。」他強調領導者在用人時不能三心二意，而要一心一意地信任之。《金史・陳起傳》言道：「疑則勿任，任則勿疑。」這句話是說，有懷疑就不要任用，任用了就不要去懷疑，這也是任人的一條重要準則。

齊桓公任用管仲為相國後，對管仲說：「我不幸既好打獵又好女色，這會不會影響我稱霸的事業呢？」

管仲說：「不影響。」

齊桓公又問：「那麼，什麼能影響稱霸的事業呢？」

管仲說：「不知賢，影響稱霸；知賢而不用，影響稱霸；用而不給職權，影響稱霸；給了職權卻又不完全信任，影響稱霸。」

齊桓公說：「對極了。」於是專任管仲，尊其號為「仲父」，宣佈「國有大政，[illegible]父，次及寡人。有所施行，一憑仲父裁決」。

可見，齊桓公在用人上真正做到了用之不疑、疑之不用。

事實證明，管仲沒有辜負齊桓公，他對齊桓公忠誠效命，充分發揮自己的才幹，爲齊國稱霸天下作出了巨大貢獻。相反，明代亡國之君朱由檢爲人猜忌多疑，結果明朝在他手上敗亡。最典型的就是朱由檢聽信讒言，疑忌著名將領袁崇煥謀反，將其錯誤斬殺，結果弄得軍心動盪而又朝中無將，無人抵擋清兵入犯，導致明朝很快就分崩離析。

當然這個「不疑」是建立在自己擇用人才之前的判定、考核基礎上。不用則罷，既用之則信任之。領導只有充分信任部屬，大膽放手讓其工作，才能使下屬產生強烈的責任感和自信心，從而調動下屬的積極性、主動性和創造性。

所以說，一旦決定某人擔任某一方面的負責人後，信任是一種激勵手段，其作用是強大的。

嬴政是中國歷史上第一位皇帝。在大部分人眼裡，嬴政的性格只有一面：剛狠暴戾，野蠻衝動，多疑猜忌，冷血無情。《史記》中曾這樣評價他：嬴政之爲人，剛愎自用。兼併天下之後，志得意滿，以爲自古及今，無人可比。丞相以下諸大臣，都是唯唯承命，一切都決策於上。皇帝喜歡用嚴刑峻法來殺人立威，天下人於是謹小慎微，明哲保身而已，不敢盡忠竭智。

其實，這是完全錯誤的。只要認真讀一遍《秦始皇本紀》，我們就會發現，秦始皇時代的君臣關係，可以說是兩千年來最好的時期之一。嬴政用人的眼光、氣度和手段，恐怕只有唐太宗可比。嬴政在用人上有足夠的膽略與氣魄。

用人要知人善任。大多數人都會有部分的長處、部分的短處，領導者應各盡所能，各得所需，以量才而用爲原則。用人之術總結起來不過八個字——信任、理解、包容、支持。在紛亂不一的戰國，嬴政能夠統一天下，除了先王積累的實力以外，他能重視人才、量才而用，也是其成功的一個重要原因。

後人對嬴政的用人策略給了很高的評價：世以秦皇爲嚴，而不妄誅一吏也。由是言之，嬴政與孝武（漢武帝），則猶高山之與大湫也。其視孝文（漢文帝），秦皇猶賢也。

嬴政用人的最大特點是用人不疑，能放手用將。他將二十萬大軍交於李信，將六十萬大軍交於王翦，將三十萬大軍交於蒙恬，並沒有設置各種限制他們權力的障礙，也不干預他們的作戰過程。

[illegible]經氣盛，率二十萬大軍進攻楚國，爲楚軍所敗。但嬴政並沒有追究他的

責任，而是繼續信任他，命他與王賁一起攻燕，讓他終於立下了俘虜燕王的功績。可見，嬴政「容才之量」的胸懷，非同一般。

嬴政一直把骨幹人才的發現和選拔作爲一個長期的戰略來做，並利用各種機會持續不斷地進行這一工作。嬴政徹底貫徹了法家任人唯賢的治國方略，不拘一格地使用人才，重用文法吏，徹底蕩清了貴族勢力，只要有才能，能夠爲秦國的發展作出貢獻，他都大膽重用。

在嬴政的政治生涯中，他唯一殺戮的重臣是呂不韋；除此之外，他與那些功臣宿將關係融洽親密，國家統一後繼續把他們當作心腹。比如，李斯一直是秦始皇的助手，三十年來，君臣關係有始有終。秦始皇對李斯用人不疑，李斯也鞠躬盡瘁，而且李斯諸女皆嫁始皇諸子，諸子皆尚公主。可以毫不誇張地說，在歷代王朝中，秦始皇時代政治核心層的穩定性可以說是最高的，各類人才應有盡有。

另外，嬴政所處的時代決定了他對武將的重視，在他手下可謂是名將輩出。很多大將戰功卓著，這與嬴政能夠給他們創造打勝仗的條件是分不開的。他大膽授權，從來沒有出現過對戰爭指揮隨便指手畫腳的情況。在這種條件下，秦將大都能隨機應變，靈活指揮，贏得一個又一個的勝利，最終幫助嬴政統一了天下。

所以，一個領導者必須具備容才的雅量，才能真正做到用好人才。

當時，荊軻刺秦王時的助手高漸離在荊軻失手被殺後流亡民間，嬴政愛惜他的音樂才華，赦免了他的罪，命他爲宮廷樂師。鄭國是敵國奸細，潛入秦國被發現後，嬴政不但沒有誅殺他，反而重用，讓他主持完成了著名的水利工程——鄭國渠，大大增強了秦國的經濟實力。嬴政能做到這一點，不愧爲「千古一帝」，值得學習。

嬴政的這種大膽用人的精神，來自他對自己控制力的自信，對將領的瞭解和信任以及自己的縝密謀略。大權在握，適當、大膽地放權給將領，讓他們體會到他們是在與自己一起爲共同的理念和使命奮鬥著，他們必定會「士爲知己者死」。

第九章

恩威並施，賞罰分明得人心

我們不能把秦王政的賞罰分明說得那樣完滿。但是，從史料看，他的確是破除了原來的那套特權制度，推行著一種近乎「軍功面前人人平等」的方針和政策。不管這種方針和政策在執行過程中要打多大的折扣，但它的提出、推行和堅持，無論如何是一種歷史性的進步。

1 剛柔相濟，寬嚴得體

蜜糖、鞭子兩手在握，恩德武威同時並用，是古來將帥、君王所重視的統御謀略之一。《孫子兵法．地形篇》中說：「視士卒如愛子，故可與之俱死。」孫武認為，統御部卒，必須用恩威並施之謀。

李斯一開始是秦國丞相呂不韋的門客。但是，當嬴政清除呂氏集團的力量的時候，李斯不僅主動和舊主人呂不韋劃清了界限，而且還非常賣力地替嬴政清剿餘黨。由於李斯的確有才能，而且在清除呂氏勢力和過程中表現出對秦朝的忠誠，所以，嬴政最後不但沒有殺李斯，反而還留下他，對他加以重用。

後來，鄭國間諜案的出現，擾亂了李斯在秦朝的夢想，他被迫離開了咸陽。就在他以為自己的抱負無法實現的時候，嬴政因為被他的《諫逐客令》所感，急召他回宮。李斯感念於秦始皇的再次賞識，所以更加忠心耿耿地輔佐嬴政，出謀獻策，助他一統天下。

看到李斯的積極表現，嬴政分外地喜歡。嬴政巡遊天下，往往都是李斯伴在左右，而且每到一處，都命李斯刻石銘文，記錄自己的豐功偉績以及歷次巡遊的所觀所感，在無形中彰顯了君王對臣子的信任，臣子對君王的忠誠和愛戴。

嬴政對李斯的寵愛已經達到了無以復加的地步：不僅在政治上高度地信任他、依賴他，聽取他的意見並積極採納；在其他方面，對李斯也非常關心，甚至讓李斯的兒子娶了自己的公主，讓李斯的女兒嫁給了自己的兒子。這種超高級別的待遇，使李斯位極人臣，一人之下萬人之上。

嬴政的這種極度信任，果然產生了良好的感染力和號召力。李斯因為皇帝的這些恩德，對秦國更加忠誠，對皇帝也更加尊敬。在每次秦始皇巡遊銘刻碑文時，李斯都會發自肺腑地對他進行一番歌功頌德。二人之間簡直是達到了空前的默契。

在修築自己極為重視的陵墓時，嬴政也為李斯周到考慮，關照有加。李斯主動請纓為嬴政修築陵墓，並且親力親為。每個進展，他都會親自監工、審定，嚴格按照嬴政的要求進行。

但後來，遇到鑿穿不透的情況，修建工程無法前進。不得已，李斯請示了嬴政，向嬴政說明情況，他們不管用什麼方法，都無法繼續深入地下挖掘，致使工期暫停，希望秦始皇給予指示。言辭之間，真誠而懇切。

嬴政看到李斯竭盡心力，就允許李斯改變工程，在原有地址的三百丈範圍內尋找新的適合的陵墓地址，另行修建。得知秦始皇為自己著想，將自己如此重視的陵墓進行了修改，李斯真的是感激涕零，便馬不停蹄地開始了新的工程。

嬴政在對李斯施加恩惠的同時，仍然將李斯置於自己的嚴格控制和約束之下。一次，嬴政站在高處看到李斯出行，結果隨行車隊和裝飾極盡華麗，堪比帝王。嬴政看到後就非常不高興。等他再次看到李斯出行時，發現車輛少了很多，裝飾也沒那麼華麗了。他就知道一定是上次跟隨自己的人向李斯通風報信了，所以責令他們主動站出來，認錯改錯，但最終沒有一人承認。一怒之下，嬴政就將上次跟隨自己的人全部處死。

這件事讓嬴政深深地意識到，自己讓李斯位極人臣，於是他在外面的權勢也發展壯大了，現在就連自己的身邊也有了傾向於他的人，向他通風報信。為此，秦始皇更加堅定了要加強對李斯的監管和約束的決心。

恩威並施的兩手策略，應用範圍很廣。用美國人的話來說，就是「胡蘿蔔加大棒」。日本企業家松下幸之助認爲，經營者對於部下，應是慈母的手緊握鍾馗的利劍，平日裡關懷備至，犯錯誤時嚴加懲戒，恩威並用，軟硬兼施，如此才能成功統御。

2 當賞必賞，有過必罰

古人在論述理政之道時，就把賞與罰並提。賞與罰，是管人的兩把利劍，是領導者統御下屬、使用人才的重要手段。賞起激勵、鼓舞、褒獎的作用，罰起禁止、威懾、懲戒的作用，賞罰兼施，德威並用，才能既引導下屬做好事，又制止下屬做壞事，使他們進有所得，退有所失。

賞與不賞，罰與不罰，公平與適度，都需要用心斟酌，否則容易弄巧成拙。賞一人，如果賞賜得當，可激勵百人；罰一人，如果懲罰得當，可以儆戒百人。

在戰時，嬴政為了鼓勵將士參加統一戰爭的積極性，提高將士的戰鬥力，嚴格推行了秦國的軍功爵制。《漢書》卷十九《百官公卿表》，比較完整地記載了秦代的二十級軍功爵制，摘錄如下：

「爵一級曰公士（師古曰：言有爵命異於士卒，故稱公士也），二上造（師古曰：造，成也，言有成命於上也），三簪嫋（師古曰：以組帶馬曰嫋，簪嫋者，言飾此馬也），四不更（師古曰：言不豫更卒於事也），五大夫（師古曰：列位從大夫），六官大夫，七公夫（師古曰：加官公者示稍尊也），八公乘（師古曰：言其能乘公家之車也），九五大夫（師古曰：大夫之尊也），十左庶長，十一右庶長（師古曰：寵長言為眾列之長也），十二左更，十三中更，十四右更（師古曰：更言主領更卒，部其役使也），十五少上造，十六大上造（師古曰：言皆主上造之士也。按大上造，又稱大良造），十七駟車庶長（師古曰：又更尊也），十八大庶長，十九關內侯（師古曰：言有侯號，而居京畿無國邑也），二十徹侯（師古曰：言其爵位上通於天子。按後避漢武帝諱改為通侯、列侯），皆秦制，以賞功勞。」

把軍功分為二十級，分得那樣細緻，目的是使論功行賞能夠符合實際，這也反映了軍功制度的完備。《漢書．百官公卿表》對軍功爵的級別、爵稱記得很具體，師古注又做了補充說明，最後又說是「皆秦制，以賞功勞」。但是，這裡沒有明確說秦制究竟是商鞅變法時新建立的秦制，還是在商鞅變法後逐漸形成而在秦統一後確立的秦制。有的論著認為「商鞅變法時，對軍功爵制的改革雖然是一項主要內容，但二十級軍功爵制卻不是商鞅變法時確定下來的，而是在以後逐步形成的，很可能是在秦統一六國後才固定下來的制度。」顯然這種看法的根據是不足的。持此說者自己也不敢用肯定的句式來表達。其實，二十級軍功爵制早在商鞅變法時就確定下來了。對此，《秦會要訂補》的作者徐復根據《左傳》《墨子》等書中提到過「不更」「五大夫」等爵名，得出結論說：「據此，則秦爵二十級，有承自前朝者，而有襲用山東諸侯舊名，至商君佐孝公為定制耳。」徐復的意見明確了兩點：第一，秦制二十級軍功爵是在相當長的歷史時期內形成的；第二，秦制二十級軍功爵到了商鞅變法時已經成為「定制」。從商鞅變法以來，秦國一直堅持按軍功獎勵升進。嬴政任尉繚「以為國尉」。據《正義》上記載：「若漢太尉，大將軍之比也」。這就是說，嬴政堅持和發展了商鞅變法以來的軍功爵制。具體規定有：

一、對有功士兵進行賞賜：「能得甲首一者，賞爵一級，益田一頃，益宅九畝，除庶子一人，乃得入兵官之吏。」意思是說，能夠獲得敵甲士一顆首級的，將得到一級爵位的賞賜，另有田地一頃，良宅九畝，並派給他一名無爵平民幫助其耕種，這樣才能進入軍隊或衙門成為官吏。

二、對有戰功的將官的賞賜：「大將、御、參皆賜爵三級。」意思是說，打了勝仗，大將、御、參都賜爵位三級。對於高級軍爵，還將「賜虜」「賜邑」「賜稅」。

三、「有功者顯榮，無功者雖富無所芬華」。意思是說，沒有軍功的國君宗族禁止列入公族的簿籍，也享受不到宗族的特權。

四、作戰時，五人注入一冊，編為一伍。五人中若其中一人逃跑，其他四人將受刑罰。如果這四個人中有人能拿到敵人首級一顆，就能免於刑罰，恢復身分。

個人中選出一個「屯長」，一百人中選出一名「將」稱為「百將」，作戰時，沒有獲得敵人首級的「百將」或「屯長」將會被處死。

我們不能把嬴政的賞罰分明說得那樣完滿。但是，從史料看，他的確是破除了原來的那套特權制度，推行著一種近乎「軍功面前人人平等」的方針和政策。不管這種方針和政策在執行過程中要打多大的折扣，但它的提出、推行和堅持，無論如何是一種歷史性的進步。

庶民對政治上提高身分、經濟上改變地位是歡迎的，他們具有強烈的翻身要求。《韓非子．詭使》篇說：「民之急名，甚其求利也。如此，則士之饑餓乏絕者，焉得無岩居苦身以爭名於天下哉？」庶民熱衷於軍功加爵，主要原因是軍功加爵能給予他們看得到的利益。秦國人「非鬥無由也」，因爲秦國的軍功爵不僅規定「斬一甲首，賜爵一級」，更重要的是背後有嚴酷的法律。這樣的制度，幫助秦國充分發揮了其軍隊的戰鬥力。

秦國軍隊之所以拚死作戰，這是軍功爵制的作用。正由於嬴政深刻體會到它的好處，所以，當統一戰爭結束之後，又急著推行民爵制，加強了秦國的戰鬥力。

對於賞罰，秦始皇向來是講究技巧的，他的賞罰分明對穩定局面起到了不可估量的作用。自統一天下後，他對有功之人進行了不同等級的賞賜，有名義上的，或利益上的，但他吸取了歷史教訓，對皇親國戚不進行分封。

唐太宗曾經說過：「國家大事，唯賞與罰，賞其當勞，無功者自退，罰其當罪，爲惡者咸懼，則知賞罰不可輕行也。」

春秋時期，秦惠公死後，年幼的出子即位。由於國君年幼，當時由太后把持國政。太后重用奄變，但奄變為人奸詐，不久就把秦國弄得烏煙瘴氣，百姓們叫苦不迭，賢人也都隱匿不出。

秦國公子連此時正流亡在魏國，他在秦國享有很高的聲望，如今見時機已經成熟，就打算趁此機會回秦國奪取政權，取代出子為君。於是，他借助秦國大臣和百姓的支持回到秦國，來到了鄭所要塞。

鄭所要塞的守將是右主然，下令嚴加防守，不放公子連進去，說道：「實在對不起公子了，俗話說，忠臣不事二主。公子您還是儘快離開這裡吧！」

在迫不得已的情況下，公子連離開了鄭所要塞，進入北狄，轉道來到了焉氏要塞。守塞的菌改把他放了進去。小主的母親和奄變聽到這個消息以後大驚失色，馬上下令起兵攻打公子連。

秦國的將士們接到命令說：「敵寇在邊境上。」將士們在出發的時候都口口聲聲地說：「去迎擊敵寇！」但走到半路時，將士們乘機發動了嘩變，都說：「我們不是去迎擊敵寇，而是去迎接國君。」

於是公子連帶領軍隊殺回國都，小主的母親走投無路自殺身亡。公子連立為國君，是為秦獻公。

秦獻公登基後要重賞有功人員，感激菌改，想多多地賞賜他。同時，他又很怨恨右主然，想重重地處罰他。

大臣監突瞭解到秦獻公的打算後，便進諫道：「國君這樣做不行。秦公子流亡在外的有很多，如果您這樣做的話，那麼大臣們就會爭先恐後地把流亡在外的公子放進國來，這對您很不利。」

秦獻公想了想，認為監突的意見確實有道理。於是他下令赦免了右主然，而賜給菌改以官大夫的爵位，賞給守塞的士兵每人二十石米。

治國之道，要賞罰分明，當賞必賞，有過必罰。管理之道，同樣要做到賞罰得利，有功則賞，可以激勵他人，從而激發眾人的上進心；有過則罰，可以警示他人，樹立一種界限。賞一人而眾人振奮，罰一人而眾人心驚，所以賞罰得力，就可以使管理變得更加有效。

一九四四年，在盟軍進行諾曼地登陸前夕，美國著名作家海明威以戰地記者的身分到前線採訪，他被安排到了巴頓將軍的部隊。沒想到，海明威到了部隊，在登陸戰開始後，就和士兵們一起參加了戰鬥。後來，他與所屬部隊失散，還在巴黎西部領導當地的遊擊隊進行敵後反抗運動，其間屢立戰功。

但是，巴頓將軍卻對此事非常惱火，因為根據《日內瓦公約》規定，新聞記者在戰場上只可進行觀察與報導，而不能直接參加戰鬥。於是，他下令讓軍法部門調查此事，準備對海明威審查懲處。但是，由於海明威在公眾中的聲望很高，巴頓將軍的做法引起了很多人的不滿，一時間弄得滿城風雨，軍法部門的處境很是尷尬。

對於此事，後來還是盟軍最高司令艾森豪做了表態。他命令道：「對於向來運用自己的想像力取勝的人可以不加追究，但下不為例，否則按軍法處置。軍法部門秉公辦事，值得肯定，但現在是非常時期，軍法部門應集中精力清算納粹。」

艾森豪的命令，既肯定了海明威的個人作戰功勞，也肯定了軍法部門的辦事態度，在嚴明軍紀的同時，也給雙方一個都可以接受的處理結果，從而妥善平息了此事。

賞與罰，曾被古人稱爲管人的兩把利劍，是領導者統御部屬、使用人才的一個重要手段。孫武把「法令孰行」「賞罰分明」作爲判明勝負的兩個重要條件。可以說，賞罰分明得當，是古今中外一切用人者的根本原則。領導者一定要正確使用賞罰，切莫隨心所欲，無原則地進行隨意賞罰。

3 旁敲側擊，從側面鞭笞下屬

領導者想要使自己的權力得到絕對的保證，命令既不被下屬違逆，自己又不用太過強硬的對待下屬，引起下屬的逆反心理，那麼就要在對待下屬時講求一定的策略，用一些看似不經意的舉動，卻能夠施展出絕對的威嚴，使下屬深刻地感受到這份不可抗力，從而心甘情願地主動勇擔大任，這才是作爲領導的高明之處。秦始皇在這方面就很會借機發揮，從側面鞭笞下屬，以達到理想的效果。

蒙武是秦國名將，祖居齊國，父蒙驁，子蒙恬、蒙毅皆為秦名將。西元前二二四年，他作為裨將軍和王翦帶兵六十萬進攻楚國，擊破楚軍主力於蘄，將楚國大將項燕斬首。西元前二二三年他又和王翦帶兵擊楚，再次擊破楚軍，虜末代楚王負芻，滅了楚國。

蒙武在韓地軍中得到秦王嬴政的召見，所以他日夜兼程地趕回咸陽。剛回到府中，還未來得及休息，嬴政的使者就到了，而且還要他夫婦二人一同去覲見。來到書房後，蒙武夫婦看到秦王嬴政和王后都在。行完大禮，嬴政就一反常態地表現熱情，並語帶歉意地對他夫婦二人說道：「愛卿二人久別團聚，本來應該細敘別後種種，卻被寡人將賢伉儷請來，雖然有點煞風景，但情況緊急，寡人能早一刻見到蒙卿，將這件事情處理了，寡人就能夠早一刻安心，蒙卿二人也能早日團聚。」

蒙武一聽到嬴政這麼說，就知道事情必定棘手，心中也有了一二分的明瞭。見嬴政對自己是如此器重，蒙武感激地說：「臣知道楊將軍出征兵敗，不知陛下緊急召臣，是否是為這件事情？」

嬴政當即笑了，覺得蒙武果真知道自己的心。所以他說：「寡人想派你去擔任一項你曾經擔任過而且做得很好的任務。」這時，蒙武發現妻子齊虹面有難色，他暗暗奇怪，心裡不禁忖度，上次秦王征討趙國，齊虹自動請求要去趙國，這次有了機會怎麼突然好像不願意去了，而且很為難。果然，嬴政也發現齊虹的神色不對，他轉向她很直接地說道：「不錯，寡人想派賢伉儷去趙國遊說郭開，不知表妹有什麼為難之處嗎？」

齊虹一聽嬴政這麼親近地和王后一樣稱呼自己表妹，就隱隱覺得大事不妙，不寒而慄，有如遭到雷擊。她明白至高無上的君王口中越甜，內心越毒，這樣稱呼是要她非賣命不可，沒有回絕的餘地。她心中有話想說，但開不了口。蒙武見秦王稱自己的妻子表妹，也是同樣的感受，膽戰心驚，不知是福是禍，頃刻間喜與憂不斷地在二人之間徘徊。

等了半天，秦王都沒有等到齊虹的回答，所以心中便來了火氣，臉上漸漸出現了怒意，但是因為還需要他二人去辦成這件大事，所以他強忍住要爆發的脾氣，和顏悅色地再次問道：「上次正值蒙卿二人新婚之際，不想打擾了你們的甜蜜，所以沒有讓你前去。此次寡人有請，不知道表妹還有什麼為難的地方嗎？」

這時，齊虹不得不答話，語詞誠懇地說：「臣妾前後矛盾，難怪大王生疑。上次要調開李牧，臣妾自認不需要經過郭開就可辦到。如今李牧已成為滅趙的最大障礙，非置於死地不可，而李牧當下王寵正隆，要除掉他，只有郭開這條路可走，可是郭開……」她實在覺得難以啟齒，所以說不下去。這時一旁久未開口的王后，附耳對秦王說了幾句話，秦王擊案仰天大笑說：「這不是正好嗎？」齊虹心裡很是畏懼這樣做，因為這樣很容易陷自己於不利的境地。所以她面有慍色，但又不敢說什麼。蒙武被弄得一頭霧水，在一旁坐立難安。

王后笑著對齊虹說：「表妹，你和蒙將軍兩情相悅，彼此都信任和尊重對方，況且也都不是小兒女了，這件事情讓他知道也應該無妨，不如讓我來幫你告訴他」齊虹想制止王后，但礙於嬴政在座，不是撒嬌的時機，所以也就打住了自己的衝動。只聽王后笑著對蒙武說：「其實也沒什麼，郭開和表妹從小就認識，郭家和她姑丈家也是世代通家之好，而且郭開一直垂涎於表妹，對表妹死纏爛打，始終不死心。但表妹一直看不慣他人品猥瑣，貪財忘義，所以從不曾給他好臉色看。」

郭開是何人？大家都知道廉頗是趙國的一員大將，曾和藺相如一道為捍衛趙國的尊嚴和利益立下了汗馬功勞，給後人留下了「將相和」的千古美談。但趙孝成王過世後，一代名將廉頗的日子就不好過了，先是被剝奪了兵權，接著被迫逃亡到魏國，最後流落到楚國度過淒涼的晚年。

是誰讓一代名將落魄潦倒？就是悼襄王的寵臣郭開。郭開是一個擅長吹牛拍馬的小人，疾惡如仇的廉頗曾在一次宴會上當面斥責過他，所以郭開對廉頗一直懷恨在心，只是找不到機會報復。孝成王死後，其子繼位，是為悼襄王。悼襄王昏庸無能，好聽讒言，寵信小人，於是郭開大得信任，而耿直的廉頗就只能亡走異國，寄人籬下。

王后還想繼續說下去，但看到齊虹在旁不斷用眼神祈求她，所以王后也就沒有說下去。

嬴政適時地開口了：「這對完成工作不是更為有利嗎？」他目光注視著蒙武說。

蒙武心中當然已經明白了秦王所指，也明白了齊虹的為難，心中很想拒絕，但又知道拒絕很容易給自己和家人帶來不幸。正在蒙武不知如何回答時，忽然有近侍來奏：「燕太子丹求見，現在在偏殿等候。」

嬴政皺了皺眉頭不悅地說：「告訴他寡人正在議事，沒有時間見他！」近侍並沒有領命離去，嬴政就知道肯定是燕太子丹執意要見自己，但對此事他並不想就此打住，再加上蒙武夫婦明顯的推辭，讓他憋了一肚子的火，正沒有地方發洩，所以他借機對著近侍大聲斥責，堅決地表示現在不見燕太子丹。

接著他又旁若無人地對王后抱怨道：「他仗著他父王和先王那段交情，憑藉寡人和他幼時在邯鄲相處過一段時間，整天纏著我要我對不侵燕提出保證，口頭不行還要書諸文字，簡直是把人煩透了！而且每次說見就一定要見，如此下去，寡人的威嚴何在！」他越說越火，當看到近侍仍跪伏在地等候答覆時，大聲叱喝說：「你沒聽見寡人的說話嗎？不見，要他滾！」近侍嚇得臉色蒼白地退出。

蒙武夫婦看到嬴政發脾氣，有點不知所措。燕太子丹的父王和先王有交情，他本人又是秦王小時候的玩伴，在秦王心情不順的時候都可以龍顏大怒，連見都不見。那麼，二人作為臣子，面對正在氣頭上的嬴政，如果再逆批龍鱗，恐怕二人今天都無法平安回家。所以蒙武只有主動答應，順了秦王的意，消了他的氣。

齊虹也明白這個道理，雖然心中萬般無奈，也不得不主動地說：「大王差遣，即使赴湯蹈火臣妾也在所不惜！」

嬴政聽到這個答覆後很是滿意，心中的怒氣也漸消，然後說道：「蒙卿不方便去，因為蒙卿自從完成聯齊任務後，縱橫外交之才已名滿天下，此去目標太大。」

「臣一切聽大王差遣，在咸陽稍待幾天，臣就回去韓地軍中。」蒙武趕緊順從嬴政的意思回答。

「表妹聰敏過人，加上邯鄲是她生長舊地，關係又多又好，蒙卿不必擔心。」此時嬴政面色已變得和悅，「你也不必回軍中，留在朝中主持間趙的事，這樣你們夫妻可以一直有聯絡。」

「臣妾做事，臣倒是放一百個心的。」蒙武擠出微笑回答。

嬴政像突然想起什麼似的，笑著對齊虹說：「寡人恭喜你有個這樣好的丈夫，其他不說，就憑他生平不二色的操守，就不知羨煞多少王室金枝玉葉。當年他先妻過世，王堂姊長公主托寡人暗示，有意下嫁，他都以居喪心情不好拒絕了，最後還是表妹你得到了他的青睞，你真是福氣好！」

「臣妾這次去趙若有不測，長公主仍然可以下嫁。」齊虹故作大方地笑著說，「不然臣妾願意退居側室。」蒙武不敢插嘴，幸虧王后在一旁打圓場，笑著說：「你們還要談間趙的事，不要節外生枝！」接下去他們討論了一些行動細節，蒙武夫婦拜辭。

深夜，廷尉李斯來報，燕太子丹已逃出咸陽，往函谷關方向輕僕簡從而去，現在追緝中。「不要管他，」嬴政想了想對李斯說，「讓他去！」

蒙武夫婦回到府中，休息片刻，便開始為實行計畫做準備，隔日便分別啟程忙於秦王分給各自的任務。

後來，秦國大舉進攻趙國，悼襄王在大臣們的提醒下想重新起用廉頗，但郭開用重金賄賂了趙王派出的使者，結果使者給趙王帶回的考察報告是：「廉將軍雖老，尚善飯，然與臣坐，頃之三遺矢矣。」這不足二十個字的結論，斷送了一位宿將的一腔報國之心，也斷送了趙國的生存機會。這個郭開還接受了秦國間諜的賄賂，讒殺了趙國的最後一位名將李牧，從而徹底將趙國葬送給了秦國。

領導者對於越是有能力的下屬，越要懂得運用技巧使其就範。旁敲側擊不失爲一種良策，不僅可以在下屬面前施展自己應有的威嚴，同時還能達到想要的效果。

秦始皇在應對蒙武夫婦時，恰巧燕太子丹求見，於是，嬴政借機發火，將與蒙武夫婦所談事情擺在燕太子丹的前面，既說明他對這件事情的重視，也說明他此時的惱怒。那麼，作爲臣子的蒙武夫婦，看到此時大怒的秦始皇，當然不敢再像之前那樣拒絕，避免惹禍上身。

蒙武夫婦的忠誠對秦始皇來說就是他可以利用的「弱點」，秦始皇正是抓住這一點，輕易就使他們俯首。

郭開身爲趙國的大夫，且深得趙王寵信，但是他真的是貪財貪色，從而爲利逼走廉頗，讒殺李牧，葬送了趙國。秦始皇正是基於對郭開的瞭解，於是通過郭開實現了對趙國的勝利。

「旁敲側擊」是一門實踐性很強的領導藝術，它形式的多樣性和運用的隨機性，決定了其對人的影響是多方面、多層次、具體的，下屬的個體特點不同、心理狀態不同，感受的效果亦不同。

因此，領導者必須正確地認識和瞭解自己的下屬，對他們的情緒變化做到瞭若指掌，從而針對不同人的不同特點採取不同的方法。巧妙運用「旁敲側擊」的藝術，使之與領導權力巧妙結合，則會使工作取得錦上添花的效果。

4 激發下屬的良性競爭意識

古人說：「千軍易得，一將難求。」的確，樹起大旗，吃糧當軍的人哪裡都招得到，帶隊的將軍，武藝高強還在其次，有韜略、會打仗只是一個側面，檢驗一個將領的重要標準，要看他會不會帶兵。優秀的將軍，能把一群綿羊帶成一群獅子；平庸的將軍，能把一群獅子帶成一群綿羊。

在滅楚的同一年，嬴政又派王翦之子王賁率軍攻打遼東，燕軍無力應戰，燕王喜被俘，燕國滅亡。接著秦軍又揮師攻擊代郡，代王嘉率軍力戰，終因力量懸殊，戰敗被俘。就這樣，東方六國只剩下孤零零的齊國。

此時的齊王建與丞相后勝才突然從和平的美夢中醒悟過來，但為時已晚。環顧四周，六國之中，五國全變成了秦國的郡縣，稱王的只剩下他一個，成了地地道道的孤家寡人。

秦國不斷派出使者前往齊國招降，齊王建與群臣商議後，決定發兵防守邊界，不再接納秦國使者。嬴政大怒，知道不動用武力，齊國是不會就範的。

當時，王賁的軍隊駐紮在燕國南部，蒙恬的軍隊駐紮在楚國的東北部，都與齊國接壤。兩人都是將門虎子：王賁是大將軍王翦的兒子；蒙恬的祖父蒙驁是昭王、孝文王、莊襄王、嬴政早年的四朝名將，他的父親是深得嬴政倚重的蒙武。王賁和蒙恬都是驍勇善戰之人，二人屯兵齊國邊境，都想獨自領兵攻滅齊國，建立不世之功。

嬴政深知二人的心理，詔令二人率領本部人馬向齊國進軍，誰先進入齊都臨淄，誰便是首功。

王賁暗自高興，由燕南往臨淄，那裡地勢平坦，易守難攻。而蒙恬卻暗暗叫苦，從楚國出發，向東北方向進攻臨淄，一路上除了地形不利於攻擊外，還有一道人工長城由琅琊山直通泰山北邊的濟水，這是一道堅固的防線。

蒙恬冒險採取了奇襲戰術。他一面讓部隊從正面佯攻，一面親自率領兩萬精兵乘船沿著海邊，繞過琅琊山在即墨港口登陸。即墨是當年齊國名將田單一戰成名的地方，不過世事如煙，時光飛逝，這裡已經有五六十年未發生過戰事，當地的老百姓早已忘記戰爭為何物，文恬武嬉，疏於防範。秦軍靠岸登陸，很多人還到港口上看熱鬧，以為是齊國的軍隊來佈防。直到秦軍登陸上岸整好隊形，看見軍旗上的「秦」字和「蒙」字，才發覺是秦軍來了。

秦軍很快佔領了即墨。

即墨是齊國的大後方，齊國君臣一聽蒙恬已經佔領了即墨，認為齊國差不多全境失陷，一片驚慌。蒙恬率軍直逼臨淄，齊王建只好率領文武大臣投降。

蒙恬率軍進入臨淄城，將齊王建和齊相后勝軟禁，遣使向嬴政報捷，聽候他發落。嬴政指示蒙恬，將齊王建徙居於河內共地，同時，以謀國不忠的罪名將齊相后勝斬首。

王賁率領十五萬大軍輕易渡過黃河、濟水兩道天險，但在燕國邊境，遭到了燕趙殘餘部隊的騷擾。進入齊國國境後，王賁所部十分順利，所向披靡。他滿以為憑著這樣的進軍速度，無論如何也會比蒙恬先期達到臨淄。

在離臨淄城十里處，王賁下令紮營，並派出探馬打聽敵情，誰知道探馬帶回來的不是敵情，而是蒙恬本人。

「王將軍辛苦。」蒙恬拱手施禮。

「蒙將軍用兵神速，王某自愧弗如！」王賁簡直不相信自己的眼睛，心裡一直在犯嘀咕——蒙恬難道是插翅飛過了泰山？

兩路大軍會師臨淄，齊國正式宣告滅亡。至此，嬴政完全消滅了東方六國，統一了天下。

嬴政兼併韓、趙、魏、楚、燕五國後，東方六國僅剩下孤零零的齊國。此時的齊國雖然已是驚弓之鳥，文恬武嬉，但它畢竟是一個傳統大國，自周朝建立以來，一直是大國，並在春秋、戰國的爭霸和兼併戰爭中扮演著重要角色。何況五國的滅亡，讓它產生了生存危機，齊國軍民必然會為生存而戰。要滅亡這樣一個財力雄厚、人口眾多的國家，派一支偏師是不可能達到的。所以，嬴政決定從南北兩線同時發動進攻，聲明誰先進入齊都臨淄，誰就立下了滅齊之戰的首功。於是，王賁和蒙恬這兩位能征善戰的將門之子為了奪功，使出渾身解數。最終是蒙恬藝高人膽大，出奇制勝，先期攻佔臨淄，奪取了首功。通過「二十辛功」，秦軍只用了幾個月的時間，就滅掉強大的齊國，大大縮短了統一戰爭的進程。

嬴政讓兩小將「爭功」，以此縮短戰爭進程的做法，很值得我們學習。

現代社會中的不少領導者，位居高位，但由於不懂得管人之術，所以不能在高位上待久。生活在不同職位上的人，對於自己事業的標準也不一樣。將軍用武力克制對方，謀士用計謀戰勝對手，而元帥則統領大家取得勝利。在一個團隊中，領導者常常會遇到因標準不同而引發的是非衝突，這就要求領導者必須根據特殊情況特殊處理，靈活變通，考慮下屬的心理變化做出及時有效的處理措施。

赤壁之戰後，劉備、諸葛亮乘機佔領荊州、南郡和襄陽，接著向荊州以南拓展，確立武陵、長沙、桂陽、零陵四郡為攻取目標。

劉備留關羽把守荊州，自己率兵與諸葛亮、張飛、趙雲等攻取零陵。第二個目標是桂陽，趙雲、張飛爭先要去攻打，諸葛亮勸阻張飛，因為是趙雲第一個請戰，應該讓他去。張飛不服，諸葛亮讓他們二人抓鬮，鬮被趙雲抓得。

張飛憤怒地說：「我並不要人相幫，只獨領三千軍去，穩取城池。」趙雲接著說：「某也只領三千軍去，如不得城，願受軍令。」

諸葛亮非常高興，與趙雲立下軍令狀，選三千精兵交付給趙雲，趙雲率兵智取桂陽，得到了劉備的重賞。

張飛大叫：「撥三千軍與我去取武陵郡，活捉太守金旋來獻！」

諸葛亮也很高興，與張飛也立下軍令狀，張飛率三千軍士攻打武陵，太守金旋迎戰敗回，被手下部將射死，武陵被張飛佔領。

最後要奪取的目標是長沙，劉備寫急信通知荊州的關羽，說張飛、趙雲各得一郡，關羽回信請求把攻取長沙這個功勞留給他。

劉備很高興，命令張飛去守荊州，讓關羽奪取長沙。諸葛亮告訴關羽，張飛、趙雲立功，都憑三千軍馬，長沙太守韓玄手下有一員老將黃忠很難對付，讓他多帶些兵馬。關羽卻提出只領自己部下五百校刀手，諸葛亮擔心關羽輕敵有失，和劉備帶兵前去接應。

關羽來到沙與黃忠大戰兩天，敵方起了內訌，魏延殺死了太守韓玄，關羽得了長沙。劉備圓滿地完成了南征四郡的計畫。

這個故事告訴我們，每一個人都是有潛力的。所以，管理者需要以競爭機制爲導向，以精神鼓勵和物質獎勵爲手段，激發下屬的競爭意識，促使下屬的才能充分發揮出來。

5 必要時「殺雞儆猴」

相傳，猴子是最怕見血的，人們就根據這一點來馴服猴子。馴猴的人爲了讓猴子聽話，就當著猴子的面把雞殺了，讓牠看到鮮血淋漓的場面，這樣才可以逐步地對猴子進行教化。而人們在捕捉猴子時也會採用這種殺雞戰術，不管牠怎樣頑強抗拒，只要雄雞一聲慘叫，鮮血一冒，那些猴子便會全身癱軟，不再吵鬧。這就是「殺雞儆猴」的典故。

「殺雞儆猴」有威脅、恫嚇之意，即「殺一儆百」。古人把它當作一種權術，一種馭眾手段，在戰亂紛爭時，當作一種計謀，以震懾敵心。現代的人也會在意見紛紜、工作受到許多阻撓時，略施此計，爲使步驟劃一，法令貫徹執行，就以嚴厲手段對付，他們將此舉稱之爲「不以霹靂手段，怎顯菩薩心腸」。

始皇三十七年十月，嬴政出遊，左丞相李斯及廷尉蒙毅從，右丞相馮去疾留守。嬴政行至雲夢，望祀虞舜於九疑山，然後乘船經丹陽起陸來到錢塘。兩旁歡呼萬歲的聲音，他聽而不聞；圍觀群眾下跪，他也視而不見。

「有刺客！」這時，有人高聲叫喊。

周圍郎中拔劍將嬴政的座駕團團圍住，形成人牆，層層護衛他。虎賁軍都尉帶著眾多兵卒押著一對男女上前稟奏。

「啟奏陛下，是一對攔駕告狀的男女，臣護駕不周，驚動陛下，罪該萬死。」

嬴政沒有答話，只看了這對男女一眼。只見男的面目清秀，唇紅齒白，稱得上是一表人才，年齡不會超過二十；而女的大約十五六歲，面貌和男的長得極像，他們看上去像一對兄妹。

「你們有什麼冤情？」他和藹地問，「為什麼不去向所屬縣府申訴？」

「天大的冤情，不止關係小人兄妹而已。」男的侃侃而談，似乎並不畏懼這個皇帝。

這時，蒙毅已下車，走到嬴政車前行禮。

「廷尉，這對兄妹攔輿車告狀，該如何處理？」秦始皇問。

「請陛下交臣處理，問明案情再行稟奏。」

「別難為他們。」嬴政語氣柔和得連他自己都感到奇怪，「和你同車帶回去吧！」

兩人闖駕，旁觀民眾全都看得清清楚楚，大都等著看秦始皇大發雷霆殺人，一見竟是這麼輕易就放過了，全都高呼：「始皇帝仁慈！陛下萬歲！萬萬歲！」

急忙趕到的會稽太守，早已嚇得滿身冷汗。

「走吧，沒事了。」嬴政說。

車隊在「萬歲」聲中，又慢慢啟動。

晚間，蒙毅來行宮回報審訊結果。這對兄妹一個叫吳鴻，一個叫吳秀，自幼父親去世，母親改嫁，兄妹倆相依為命。母親改嫁時，吳鴻才八歲，靠幫人做雜工以及鄰居幫助，兄妹倆才能勉強生活下去。

「哪有這樣狠心的母親！」嬴政勃然大怒，他想起自己淫蕩狠毒的母親趙姬，也回憶起八歲遊邯鄲的情景。

「據吳鴻供稱，這裡的風俗並不如父老們所說的那樣好，而是淫風極盛，未婚前濫交成風，桑前榆下野合，習以為常。即使婚後，男女交往也不避嫌，通姦濫交都是司空見慣的。吳鴻母親就是在丈夫還在世時，便與別人有染，丈夫一死，就丟下一對小兒女不管，跟那個男人私奔了！」

「事隔這麼多年，吳鴻還為此攔朕的車駕告狀？」

「不是，是為了一件更重大的事。」

「說來聽聽。」

「原來這地方還有一項流傳千年的惡俗，就是所謂錢塘君納姬。每年錢塘君過生日都要慶祝，以盛大儀式將剛及笄的處女丟入江中，謂之送親。」

「錢塘君何許人也？誰人所封？」嬴政印象中沒有這位神。

「相傳，錢塘君為海神之子，由海神所封。」

「這就是說今年納姬選中了吳秀？」嬴政這下明白吳鴻冒死攔駕告狀的原因了。

「正是，陛下聖明！」蒙毅說，「本來可以用錢賄賂巫婆另行選人，但兄妹倆生活都困難，哪有這個餘錢！」

「錢塘君選姬是如何一個選法？」嬴政開始感興趣，「大概說給朕聽。」

原來，錢塘君選姬，乃是由地方巫者在錢塘君生日前一個月宣佈，說是錢塘君托夢要幾月幾日幾時生的女孩，長得是個什麼模樣，然後就到處找。

其實，巫婆早就打聽好哪家有這樣的女孩，她一般都是找有錢無勢人家的女兒，這樣父母就能趕快送錢要她另找生辰八字相同的女孩，或是自己出高價，買女孩代死。

「這種邪風難道地方官都不管嗎？」嬴政大怒。

「不是不管，而是不敢管！」蒙毅搖頭歎口氣說，「天下剛統一，大秦派的郡守首次到任，下令禁止此事，竟引起一場民間大暴動，錢塘江附近郡縣的數萬民眾包圍郡守府，最後郡守答應不管這種風俗，才算了結。」

「朕怎麼不知道有這回事？」嬴政懷疑地問。

「郡守當然不敢上報。」蒙毅微笑，「地處偏遠，平日就法令不行，民間信仰高於法律！」

「此事必須制止。」嬴政堅決地說。

「陛下，事關民俗，必須慎重處理，交給臣來辦吧！」蒙毅生怕秦始皇的火爆脾氣會造成大災難。

「事關風俗教化，本是郡縣父母官的職責，既然他們管不了，而朕正好在此，朕責無旁貸。朕代天牧民，郡守、縣令又是為朕分擔責任，他們分擔不了，當然由朕親自來。」

「交李斯丞相辦理吧，何必陛下勞神！」蒙毅還想勸阻。

「民間如此信仰錢塘君，是否有什麼靈驗？」嬴政對蒙毅笑著說。

「每年錢塘君生日都逢大潮，而且江水時常氾濫為害，臣問了一些父老，他們說，那年就是因為沒有納姬，所以江水氾濫成災，因此才釀成暴動。」蒙毅回答。

「那以後年年納姬，是否就沒有水患了呢？」

「應該還是有吧。」蒙毅回答，「據郡守說，三年前就有一次不小的洪水，淹沒不少田地房屋，還奪走了不少生命。」

「那證明不是錢塘君納姬的問題，而是水利沒搞好。」嬴政微笑。

蒙毅看著嬴政半晌無語，心想，多英明睿智的皇帝，為什麼到了自己長生不老的事情上，卻變得那麼迷信幼稚！

嬴政站起來，在室內走來走去，沉思著，很久之後才又坐下，他對蒙毅說：「你還有什麼意見？」

「是否要找李斯丞相來議事？」蒙毅小心翼翼地問。

「不必了，朕已決定如何辦理，你記下來轉告會稽郡守，用不著朕另下詔命。」

「是。」蒙毅恭身答應。

近侍拿來筆墨和白絹。嬴政鄭重地一個字、一個字地念出：第一，命會稽太守立即傳朕意旨，永遠廢除錢塘君納姬風俗；第二，限三個月內擬定浙江（錢塘江）整治計畫上奏；第三，兩天後另召集一批父老來與朕話桑麻，朕會按這些人的話，親自到現場去一一證實。

民眾都想親眼看一下皇帝與江神鬥法。於是，嬴政一下車，圍觀民眾都紛紛跪倒高呼「萬歲」。

江邊早準備好了祭禮三牲和香燭，秦始皇一到，法師便開始舉起法杖作法，口中念念有詞。巫婆也被帶到江邊作法，請錢塘君附體，可是怎麼再三地請，錢塘君就是不敢上身。

奉常少卿焚化了李斯所撰的祭禱文，內容概要是：「江神既然是龍又是神，納姬應納江中魚蝦，或者陰魂仙人，為什麼偏要凡間活女子？朕為天之驕子，奉天帝命代牧萬民，就有保護子民不受逼迫傷害的義務，希望貴神能上體天帝好生之德，以後改用選中女子的神主牌位和生辰八字替。」

輪到嬴政行禮時，他只長揖三次，並不跪下，因為按道理講，山川江海都應在他這位天子的管轄之下。

他等候了片刻，錢塘君仍然不肯附身，當然也就沒有回答，他有點不耐煩，向侍立在一旁的蒙毅說：「要錢塘使者巫婆下去討回音吧！」

蒙毅答應了一聲：「是！」就命侍衛將巫婆抬起，要往江中丟。這時巫婆全身顫抖，但卻是被嚇的，而不是錢塘君附體。

「陛下饒命！」巫婆尖叫。

嬴政轉過頭去，裝著聽不見。

蒙毅調侃地對她說：「你最少也丟了二三十個年輕女孩下去了，現在也讓你嘗嘗被丟的滋味！」

「老婆子也是奉神命行事！」巫婆試圖用神的權威作最後掙扎。

「那你就更應該下去，討到回音趕快回來。」蒙毅又大喝了一聲，「送神婆啟程！」

幾名彪形侍衛合力將瘦小的巫婆高舉過頭，擺動幾下再用力丟出去，巫婆慘叫一聲，落到白浪滔滔的江中，寬大的白色法袍還讓她載浮載沉很久，最後一股大浪將她捲了進去，再也不見蹤影。

蒙毅向跪在面前的二十多個巫婆的男女弟子說：「你們的師父要是回來晚了，你們就一個接一個去催！」

二十多個人叩頭如搗蒜，額頭都見了血，齊聲大喊：「小人等只是奉師命行事，還望大人饒命！」

嬴政垂手而立，等了片刻，微笑著向李斯等說：「看樣子錢塘君架子很大，朕站在這裡等候，他還故意拖延，我們回去等吧！」

嬴政和眾大臣登車回程，圍觀群眾紛紛跪下狂呼萬歲。其中有的人是衷心高興，他們平日受制於巫婆和她的信徒，深受其害也敢怒不敢言。有的人雖然還是相信錢塘君有靈，但這樣一來，他們更相信秦始皇是天下之主，錢塘君不敢和他鬥，因此就算淹死了巫婆，他也遲遲不敢現身。但還是有些迷信的人，眼睜睜地等著看巫婆安然無恙地回來，心裡害怕不久就會發洪水，同時埋怨嬴政得罪神明。

回到行宮後，嬴政下詔：會稽郡守監督不力，聽任邪俗橫行，立即削爵撤職，降為庶民；錢塘縣令對此坐視不問，甚至有推波助瀾之嫌，著予削爵撤職，罰到北邊築長城；五千愚昧信眾，聚眾威脅官府，本應處死，姑念無知，發往棄山築陵；一千巫婆弟子，妖言惑眾，本應棄市，梟首示眾，念其年幼，男的發往北邊築城，女的收為官奴。

以其人之道，還治其人之身。身爲帝王，當然不會害怕什麼河神。結果，騙子的伎倆一戳就破，巫婆自掘墳墓，雖說這是一件小事，卻深得民心，樹立了他在人民心目中的權威。

所以，我們不得不說，嬴政是聰明的，在這個事件中，既巧妙地樹立了威嚴，又贏得了民心，可謂一石二鳥。

從人質到千古一帝：秦始皇傳奇

(原書名：關鍵時刻,秦始皇是這麼幹的)

作者：歐陽彥之
發行人：陳曉林
出版所：風雲時代出版股份有限公司
地址：10576台北市民生東路五段178號7樓之3
電話：(02) 2756-0949
傳真：(02) 2765-3799
執行主編：劉宇青
美術設計：吳宗潔
行銷企劃：林安莉
業務總監：張瑋鳳

出版日期：2023年3月新版一刷
版權授權：馬峰
ISBN：978-626-7153-85-7

風雲書網：http://www.eastbooks.com.tw
官方部落格：http://eastbooks.pixnet.net/blog
Facebook：http://www.facebook.com/h7560949
E-mail：h7560949@ms15.hinet.net
劃撥帳號：12043291
戶名：風雲時代出版股份有限公司

風雲發行所：33373桃園市龜山區公西村2鄰復興街304巷96號
電話：(03) 318-1378
傳真：(03) 318-1378
法律顧問：永然法律事務所 李永然律師
　　　　　北辰著作權事務所 蕭雄淋律師

行政院新聞局局版台業字第3595號 營利事業統一編號22759935

定價 ：320元

國家圖書館出版品預行編目資料

從人質到千古一帝：秦始皇傳奇 / 歐陽彥之著. -- 臺北市：風雲時代出版股份有限公司, 2023.02 面； 公分

ISBN 978-626-7153-85-7（平裝）

1.CST: 秦始皇 2.CST: 傳記

621.91　　111020855